LEO TROTZKI

Frau, Familie und Revolution

Übersetzung der Textsammlung "Women and the Family"

*Übersetzung nach der englischen Ausgabe "Women and the Family",
Pathfinder Press New York, N.Y., 1972 - Copyright Control*

Deutsche Erstausgabe bei: Spartacusbund im Selbstverlag

I S P - Verlag GmbH
Internationale Sozialistische Publikationen
Speicherstraße 5, 6000 Frankfurt/M

1.Auflage April 1978
Druck: Fuldaer Verlagsanstalt, 64 Fulda
ISBN 3 - 88332 - 037 - 4

INHALT

Einleitung, von Caroline Lund — 5

Von der alten zur neuen Familie (1923) — 14

Ein Brief an eine Versammlung von Arbeiterinnen
in Moskau (28.11.1923) — 22

Der Schutz der Mutterschaft und der Kampf
für Kultur (7.12.1925) — 24

Den Sozialismus aufbauen, heißt die Frauen emanzipieren
und die Mütter schützen (Dezember 1925) — 34

Thermidor in der Familie (Auszug aus Leo Trotzki:
 'Die Verratene Revolution') — 37

Anmerkungen — 46

Einleitung

Die russische Revolution wurde von Frauen begonnen. Am Internationalen Frauentag 1917 (der 8.März nach dem westlichen Kalender) streikten die Textilarbeiterinnen und appellierten an die anderen Arbeiter, sie zu unterstützen. Ihre Forderungen waren bescheiden - für Brot, gegen die Autokratie und gegen den Krieg -, aber dieser Streik war der Beginn der Revolution, die zuerst in dem Sturz des Zaren und dann im Sturz der Kapitalistenklasse ihren Höhepunkt fand.

Die Lebensbedingungen der Frauen, die zu dem am stärksten Unterdrückten des zaristischen Rußland gehörten, wurden durch die Revolution gewaltig verbessert. Der ganzen Bevölkerung nützte die Industrialisierung, die durch die Nationalisierung der Industrie und die zentrale Planung möglich wurde. Aber wie Kate Millet in ihrem Buch "Sexual Politics" ausführt, wurde nach einer kurzen Periode nach der russischen Revolution die ursprünglich progressive Politik der Sowjetregierung gegenüber der Befreiung der Frau fast völlig umgekehrt. Sie schreibt: "Die ursprünglichen radikalen Freiheiten in der Heirat, Scheidung, Abtreibung, Kinderfürsorge und der Familie wurden in großem Maße beschränkt und die Reaktion gewann, sodaß sogar 1943 die Koedukation (Gemeinschaftserziehung beider Geschlechter) in der Sowjetunion abgeschafft wurde. Die sexuelle Revolution war beendet, die Konterrevolution triumphierte. In den folgenden Jahrzehnten zeigte die konservative Meinung überall auf die Sowjetunion als Anschauungsunterricht in der Torheit der Umwälzung." (Sexual Politics, Doubleday, New York 1970, S.176)

Die Tatsache, daß die Frauen noch nicht die volle Befreiung in der Sowjetunion oder in anderen Ländern, in denen sozialistische Revolutionen stattfanden, erreicht haben, wirft die einleuchtende Frage auf: Ist der Sozialismus der Weg zur Befreiung der Frau? Die Hauptforderungen der Frauenbefreiungsbewegungen führen gewiß in die Richtung des Sozialismus, indem sie die Vorstellungen vertreten, daß die Funktionen der Familie (Kinderfürsorge, Kochen, Waschen, Reinigung, medizinische Fürsorge usw.) sozialisiert werden sollten, das heißt für jeden frei verfügbar. Und, wie Kate Millet zeigt, sind schließlich viele der Errungenschaften, die anfangs von den Frauen durch die Revolution gewonnen wurden, schließlich verloren gegangen.
Das ursprüngliche Familiensystem existiert noch, und die Frauen werden noch immer als niedrigere Personen betrachtet, die sich im Haushalt und bei der Kinderfürsorge abrackern und die im Beruf diskriminiert werden.

Repräsentiert die Sowjetunion heute die wirklichen Möglichkeiten des Sozialismus? Ist dies alles, was für die Frauen in einem neuen ökonomischen System herauskommt?
Die Schriften Trotzkis in dieser Broschüre beantworten diese Frage negativ.
Trotzki, ein zentraler Führer der bolschewistischen

Revolution, war eine der größten Gestalten, die die marxistische Bewegung hervorgebracht hat. Seine Anschauungen über die Frauen und die Familie stehen vollständig in der Tradition von Friedrich Engels' Buch "Der Ursprung der Familie, des Privateigentums und des Staates." Trotzki's Erklärung in "Fragen des Alltagslebens" (1924) - "Um die Lebensbedingungen zu ändern, müssen wir lernen, sie mit den Augen der Frauen zu sehen " - ist ein ausgezeichneter Ausdruck der marxistischen Tradition.

Nach Lenin's Tod im Jahre 1924 war er der führende Oppositionelle gegen die privilegierte Bürokratie, die, von Stalin geführt, die Macht in der Sowjetunion eroberte. 1929 in das Exil verbannt, blieb er Revolutionär bis zu seinem Tode 1940, als es Stalins Agenten schließlich gelang, ihn in Mexiko zu ermorden.

Die ersten beiden Schriften wurden 1923 verfaßt, als Lenin schwerkrank, Trotzki noch Kriegskommissar war und die Revolution sich dem Ende ihrer ersten oder "heroischen" Phase näherte. Die Bedingungen waren noch im ständigen Wandel, und die Frauen machten zu dieser Zeit in ihrem Kampf noch Fortschritte. In diesen Artikeln beschäftigt Trotzki sich mit den vielen komplexen materiellen und kulturellen Problemen, vor denen die Sowjetunion in ihren Bemühungen, die Frauen zu befreien, stand.
Der dritte und vierte Auszug sind aus dem Jahre 1925, als Trotzki von seinem militärischen Posten entfernt worden war und die Linke Opposition, die er in der Kommunistischen Partei führte, begonnen hatte, die wachsende konservative Politik, die von der Stalin-Fraktion vertreten wurde, zu bekämpfen. Trotzki's Rede und Artikel entstanden im Zusammenhang mit der dritten Allunionskonferenz zum Schutze der Mütter und Kinder, die in Moskau im Dezember 1925 abgehalten wurde.
Der Schlußbeitrag ist aus Trotzki's Buch "Die Verratene Revolution" entnommen, das 1936 in Norwegen geschrieben wurde, als die stalinistische Reaktion in allen Bereichen des sowjetischen Lebens gesiegt hatte. Hier analysiert Trotzki die Lage der Frauen und der Familie als einen Teil des allgemeinen Prozesses der Degeneration der Revolution.

Um diese Artikel von Trotzki richtig einzuordnen, ist es nützlich, die Änderungen in der Stellung der Frauen in der Sowjetunion zu verfolgen.
Vor 1917 waren die Frauen praktisch Sklaven ihrer Männer. Das zaristische Gesetz erklärte: "Die Frau ist gehalten, ihrem Mann als dem Haupt der Familie zu gehorchen, bei ihm in Liebe, Respekt, unbegrenzter Gehorsamkeit zu bleiben, ihm jeden Gefallen zu tun und ihm jede Zuneigung als eine Hausfrau zu erweisen." Das zaristische Gesetz erlaubte ausdrücklich dem Mann, seine Frau zu schlagen. In einigen ländlichen Gegenden mußten die Frauen Schleier tragen, und es war ihnen verboten, lesen und schreiben zu lernen.

Zwischen 1917 und 1927 beschloß die Sowjetregierung eine Serie neuer Gesetze, die zum ersten Male den Frauen formelle gesetzliche Gleichheit mit den Männern brachte. Diese neuen Gesetze machten die Heirat zu einer einfachen Registrierung, die auf gegenseitiger Übereinstimmung basieren mußte. Jeder Partner

konnte den Namen des anderen annehmen, oder beide konnten ihren eigenen behalten. (Zum Beispiel nahm Trotzki aus Staatsangehörigkeitsgründen den Namen seiner Frau, Natalja Sedova, an und auch die Söhne hatten ihren Namen.)
Der Begriff der unehelichen Kinder wurde abgeschafft. Kostenlose, legale Abtreibung wurde das Recht jeder Frau. Seit 1927 brauchte eine Heirat sogar nicht mehr registriert zu werden, und die Scheidung wurde auf das Gesuch eines Partners möglich, mit oder ohne Wissen des anderen.

Das Programm der Kommunistischen Partei aus dem Jahre 1919 erklärte: "Die Aufgabe der Partei im gegenwärtigen Zeitpunkt ist vorwiegend die ideologische und erzieherische Arbeit, um alle Spuren der früheren Ungleichheit oder Vorurteile, besonders unter den rückständigen Schichten des Proletariats und der Bauernschaft, vollständig zu vernichten. Die Partei, die sich nicht auf eine formelle Gleichberechtigung der Frauen beschränkt, strebt danach, diese von den materiellen Lasten der veralteten häuslichen Wirtschaftsführung dadurch zu befreien, daß sie Hauskommunen, öffentlich Speisehäuser, zentrale Waschanstalten, Kinderkrippen usw. an deren Stelle setzt."

Die ersten Schritte in der Aufgabe, die Frauen aus den Häusern und in das Leben des Landes zu bringen, sowie der allumfassende Effekt der Revolution bei der Unterminierung aller rückständigen Traditionen, hatte eine große Auswirkung auf die Familie. Das Familiensystem wurde bis in die Wurzeln erschüttert, und alle Arten von Experimenten in neuen Formen des gemeinschaftlichen Lebens wurden, besonders von jungen Leuten, unternommen.

Aber das Programm der Bolschewiki wurde nicht vollständig realisiert, und während der dreißiger Jahre ereignete sich ein vollständiger Wechsel in dem sowjetischen Verhalten gegenüber den Frauen und der Familie. Die Perspektive war nun vielmehr die des Beibehaltens der Familie statt der, sie zu ersetzen, und viele der Errungenschaften, die von den Frauen währendder ersten zehn Jahre der Revolution erkämpft worden waren, wurden beseitigt. Abtreibungen wurden illegal und die Scheidung wurde immer schwieriger, bis sie zu einer teuren Gerichtsprozedur wurde. Prostituierte wurden verhaftet, wohingegen die frühere bolschewistische Politik darin bestand, nur die Bordellbesitzer und die Männer, die Prostituierte kauften, zu verhaften und freiwillige Berufsausbildungsmöglichkeiten für die Prostituierten zu schaffen . Die Stunden der Kindergärten wurden herabgesetzt, damit sie mit der Arbeitszeit übereinstimmten. Und Mädchen wurden besondere Fächer in den Schulen gelehrt, um sie auf ihre Rolle als Mütter und Hausfrauen vorzubereiten.

So bezeichnete Trotzki 1938 zusammenfassend diesen Prozeß der Umkehr: "Die Stellung der Frau ist der anschaulichste und wirkungsvollste Indikator, um die Entwicklung eines sozialen Regimes und einer staatlichen Politik einzuschätzen. Die Oktoberrevolution schrieb die Emanzipation der Frau auf ihr Banner und schuf die fortschrittlichste Gesetzgebung in der Geschichte für die Frau und die Familie. Das bedeutet natürlich nicht, daß für die sowjetische Frau ein glückliches

Leben unmittelbar bevorstand. Echte Emanzipation der Frau
ist unerreichbar ohne einen allgemeinen Anstieg der Ökonomie
und der Kultur, ohne die Zerstörung der kleinbürgerlichen Familieneinheit, ohne die Einführung der vergesellschafteten
Nahrungsmittelbereitung und Erziehung.

Inzwischen war die Bürokratie, geleitet von ihrem konservativen Instinkt, alarmiert von der 'Desintegration' der
Familie. Sie begann Lobeshymnen auf das Familienabendessen
und die Familienwäschereien zu singen, das heißt, auf die
Haushaltssklaverei der Frau. Um dies alles zu krönen, stellte die Bürokratie die Bestrafung für die Abtreibung her,
und brachte so offiziell die Frauen auf den Status von Packtieren zurück. In vollständigem Widerspruch zum ABC des
Kommunismus stellt die herrschende Kaste so die reaktionärste
und unbewußteste Zelle des Klassensystems, d.h. die kleinbürgerliche Familieneinheit, wieder her." (Writings of
Leon Trotsky 1937-1938, New York, 1970, S.170)

Nach Stalin's Tod im Jahre 1953 wurde einiges verändert,
wie die Wiederherstellung der legalen Abtreibung, aber die
Hauptperspektive blieb die der Beibehaltung der Familie als
einer ökonomischen Einheit bis auf den heutigen Tag.
Ein Artikel in der Ausgabe vom Februar 1969 von "Soviet Life"
über das neue Familiengesetzbuch, das vom Obersten Sowjet 1968
beschlossen worden war, erklärte: "Wie früher sagt das neue
Gesetz, daß nur eine Ehe gesetzliche Kraft hat, die registriert
ist. Die Definition ist wichtig für das zentrale Ziel der
sowjetischen Familiengesetzgebung, das heißt für die Stärkung
der Familie."

Die sowjetischen Frauen sind heute noch immer verantwortlich
für die volle Last der Hausarbeit und der Kindererziehung.
Ein großer Prozentsatz der Kinder im Vorschulalter haben keine
Gelegenheit, Kinderkrippen und Kindergärten zu besuchen(1). Geräte
wie Kühlschränke usw. sind noch Luxusgegenstände, und es gibt
kein weitverbreitetes System von öffentlichen Wäschereien;
die Wäsche muß in jedem kleinen, überbevölkerten Appartment
gewaschen und zum Trocknen aufgehängt werden.

Fünfzig Prozent der Lohnarbeiter in der Sowjetunion sind Frauen,
aber sie arbeiten im allgemeinen in niedrig bezahlten Stellungen und sind nicht proportional in leitenden Positionen. Zum
Beispiel sind Frauen 32% aller Ingenieure, aber nur 12% der
Betriebsdirektoren; sie sind 73% der Grund- und Mittelschullehrer, aber nur 23% der Schuldirektoren; sie stellen 42%
der Wissenschaftler, aber nur 2 der 204 Mitglieder der Akademie der Wissenschaften sind Frauen. Frauen stellen 79% der
Ärzte in der Sowjetunion, aber Ärzte erhalten nur 2/3 des Gehaltes eines Facharbeiters, deshalb wollen Männer keine Ärzte
werden. Auf politischem Gebiet sind nur drei der 195 Mitglieder
des ZK der KPdSU Frauen.

Die Rückkehr zum bürgerlichen Konzept der Familie und der
"Pflichten" der Frau in der Familie entstand nicht isoliert
von den anderen Entwicklungen in der Sowjetunion. Sie war ein
Teil eines Prozesses, der alle Bereiche des sowjetischen Lebens berührte. Ein Anwachsen der Privilegien, alle Demokratie
wurde beseitigt, eine konservative Außenpolitik wurde aufge-

nommen, die auf dem "Sozialismus in einem Lande" basierte anstatt auf der Weltrevolution, die Volksmiliz wurde zugunsten einer stehenden Armee mit einer privilegierten Offizierskaste abgeschafft, die Kunst wurde erstickt, die Akkordarbeit wurde eingeführt, die Unterdrückung der nationalen Minderheiten wurde wieder aufgenommen, die junge Generation wurde unterdrückt, Säuberungen beseitigten die ganze Generation der Bolschewiki, die die Revolution getragen hatten.

Was geschah, könnte ein Rückschlag genannt werden, eine politische Konterrevolution, ein Zurückrollen der Revolution,nicht zu dem Punkt, wo der Kapitalismus restauriert worden wäre,sondern wo viele Spuren der kapitalistischen Gesellschaft wiederbelebt oder verstärkt wurden.

Der Hauptgrund für den Triumpf der Konterrevolution war die ökonomische und politische Isolierung der Revolution und die Armut der Sowjetgesellschaft. Zusätzlich zu der extremen Armut wurde Russland vom ersten Weltkrieg verwüstet. Dann wurden die bewußtesten Verteidiger der Revolution im Bürgerkrieg 1918-1921 getötet, während Russland von 21 kapitalistischen Ländern angegriffen wurde in dem Versuch, die Revolution zu zerschlagen. Einige Gebiete der Sowjetunion wurden zwischen 1919 und 1921 in einen Zustand zurückgeschleudert, in dem extremste Hungersnöte herrschten - bis zu einem Punkt, wo manchmal Kannibalismus auftauchte. Die Revolution war für viele Jahre isoliert, ohne Unterstützung oder Hilfe von Revolutionen aus reicheren Ländern.

So beschrieb Trotzki die Tendenz zum Aufstieg der Bürokratie aufgrund der Armut:"Wenn es genügend Waren in einem Laden gibt, kann der Käufer kommen, wann er will. Wenn es wenig Waren gibt, sind die Käufer gezwungen, Schlange zu stehen. Wenn die Schlange sehr lang ist, ist es nötig, einen Polizisten dabeizustellen, um Ordnung zu halten. Dies ist der Ausgangspunkt der Macht der Sowjetbürokratie." (Verratene Revolution)

Diese Schicht von"Polizisten" und Verwaltern, die die Verteilung der seltenen Güter überwachte, wuchs schnell. Und natürlich scheuten sie sich nicht, die besten Güter sich selbst einzuverleiben.So entstand die privilegierte Bürokratie, mit Interessen, die von denen des sowjetischen Volkes unterschieden waren. Und die Opposition gegen dieses Wachstum der Privilegien wurde durch die Erschöpfung der Revolution durch Kriege und durch die Isolierung als einziger Arbeiterstaat in einer kapitalistischen Umwelt geschwächt.

In Bezug auf die Befreiung der Frauen bedeutete die extreme Armut, die die russische Revolution geerbt hatte, zweierlei: Zuerst bedeutete es eine objektive Grenze dafür,daß die Sowjetregierung schnell Alternativen zum Familiensystem errichten konnte (Kinderkrippen, Wäschereien, Restaurants usw.); und zweitens trug dies zum Aufstieg der Bürokratie bei, die, wie Kate Millet schreibt, den Marxismus auf den Kopf stellte. Die Bürokratie verherrlichte die Familie als eine "sozialistische" Institution und benutzte die repressive, autoritäre Natur der Familie als eine Stütze der eigenen Herrschaft.

In den Auszügen in dieser Broschüre resultiert Trotzkis Betonung der Notwendigkeit der Entwicklung der Kultur und Hebung der menschlichen Persönlichkeit aus dieser ökonomischen und kulturellen Rückständigkeit. Seine Hinweise auf die Tragödie zerbrochener Familien, auf das Problem des Alkoholismus, der die menschlichen

Beziehungen vegiftet, und auf die große Anzahl heimatloser Kinder und Prostituierter weisen alle auf die Brutalisierung des Volkes durch wirtschaftliche Not hin. Abergläubisches, traditionelles Verhalten war unter den Frauen vorherrschend, denn sie gehörten zu den am meisten Unterdrückten. Als Kinderkrippen eingerichtet wurden, blieben viele Frauaen auf dem Lande und sogar in den Städten mißtrauisch und feindlich.

Diese extreme Rückständigkeit und das Fehlen einer entwickelten Frauenbefreiungsbewegung spiegelt sich wieder in Trotzkis häufigen Gebrauch der Ausdrücke "Mutter" und "Ehefrau" als synonym mit "Frau", in seinem Zusammenfassen von Müttern und Kindern und in seiner Forderung nach dem Schutz der Mutterschaft. Ein Grund dafür war, daß Frauen und Kinder eine fast totale ökonomische Abhängigkeit vom Vater teilten.

In all diesen Schriften betont Trotzki die Tatsache, daß die sozialistische Revolution nur _eine_ notwendige Voraussetzung für die Befreiung der Frauen ist. Ein anderer Faktor ist der Stand des materiellen Reichtums und der technologischen Entwicklung der Gesellschaft. Dies war der Kern des Problems der Sowjetunion. Die russische Revolution war nicht einfach eine Revolution gegen den Kapitalismus; sie war auch eine Revolution gegen Feudalismus und Zarismus. Sie mußte beginnen mit dem Einholen der fortgeschrittenen kapitalistischen Länder - indem sie die Landreform und die Industrialisierung einführte. Bevor dies beendet war, gab es keine Basis für sozialistische Beziehungen zwischen den Menschen nach dem Grundsatz "Jeder nach seinen Bedürfnissen" oder für gesellschaftliche Lebenshaltung. Sozialistische Revolutionen ereigneten sich bis heute nur in ökonomisch rückständigen Ländern. Das ist der fundamentale Grund, warum es keine Länder gibt, die als Modelle für die Befreiung der Frauen durch eine sozialistische Revolution dienen können. Eine sozialistische Revolution bringt nicht automatisch den Sozialismus hervor; sie schafft nur Bedingungen, die es möglich machen, den Sozialismus aufzubauen. Trotzki charakterisierte die Sowjetunion als "ein vorbereitendes Regime im Übergang vom Kapitalismus zum Sozialismus". In manchen Beziehungen - und in Bezug auf die Frauen - ist die Sowjetunion noch immer dem Kapitalismus näher als dem Sozialismus, sogar heute, wo sie industrialisiert ist.

Kate Millet versucht in "Sexual Politics", sich mit dem Problem auseinanderzusetzen, warum die Bürokratie in der Sowjetunion triumphierte. Sie zeigt richtig auf, daß die Frauen in der Sowjetunion noch weit davon entfernt sind, befreit zu sein, und daß ihre Lage der der Frauen in kapitalistischen Ländern entspricht.

Aber ihre Analyse ist nicht ausreichend, weil sie versucht, die Konterrevolution in der Familie isoliert von der allgemeinen politischen Konterrevolution, die alle Gebiete des sowjetischen Lebens ergriffen hat, zu begreifen. Sie endet damit, daß der Hauptgrund für die Konterrevolution im Familienleben und im Status der Frau darin lag, daß "die marxistische Theorie es nicht vermochte, eine ausreichende ideologische Basis für eine sexuelle Revolution zu geben, und daß sie bemerkenswert naiv war, was die historische und psychologische Stärke des Patriarchats anbelangte." (S.169) Weiter schreibt sie: "Zusätzlich dazu gab es keine Klarheit darüber, daß, während jede praktische Anstrengung unternommen werden sollte, um eine sexuelle Revolution zu verwirklichen, der wirkliche Test in der Änderung des Verhaltens gemacht würde." Sie bemerkt, daß Trotzki in der "Verratenen Revolution" heftig den Rückschritt zur patriarchalischen Familie angreift, aber, so sagt sie, "dies ist die späte Einsicht von 1936." (.170)

Während es den Führern der Revolution sicher geholfen hätte, ein tieferes Verständnis des Prozesses der sexuellen Revolution zu haben, ist es doch falsch, diese Schwäche als einen Hauptgrund für den Triumph der Bürokratie zu betrachten. Der höchste Grad an Bewußtsein auf diesem Gebiet hätte den Triumph des Stalinismus, der auf den materiellen Faktoren der Armut und der Isolierung basierte, nicht verhindern können.

Wie sehr sich auch die Führung der Revolution bemüht hätte, das rückständige Verhalten, das von den patriarchalischen Familientraditionen ererbt wurde, zu bekämpfen, kein permanenter Fortschritt hätte für die sowjetische Frau verwirklicht werden können, bis Schritte unternommen worden wären, den privaten Haushalt, der sie gefangenhielt, zu ersetzen und ihre Abhängigkeit von ihrem Mann zu beenden. Die grundsätzliche Notwendigkeit war, die Institutionen, die in letzter Analyse Verhalten beeinflußen und bestimmen, zu ändern. Das bolschewistische Programm aus Lenins und Trotzkis Zeit war richtig: die Frau von ihrer Rolle als Haussklaven zu befreien, indem der private Familienhaushalt durch gemeinschaftliche Formen des Lebens ersetzt wird. Unglücklicherweise waren die realen Reichtümer der Sowjetunion unzureichend, um das Programm der Bolschewiki schnell zu verwirklichen.

Daß auch Trotzki sehr damit beschäftigt war, rückständiges Verhalten gegenüber den Frauen und der Familie zu ändern, kann in allen Beiträgen in dieser Broschüre gesehen werden; und daß er die besondere Rolle von Frauen, die sich organisieren, um sowohl die Auffassungen als auch die Praxis zu ändern, anerkannte, wird besonders klar in seiner Rede aus dem Jahr 1925, wo er die Notwendigkeit für die Frauen betonte, "moralische Rammböcke" in der Veränderung der alten Beziehungen zu sein.

Millets Bemerkungen über Trotzkis "späte Einsicht von 1936" ist ebenfalls fehl am Platz. Trotzki bekämpfte den stalinistischen Umschwung von 1923 ab, das heißt, von seiner ersten Erscheinung, und er widmete den Rest seines Lebens, eingeschlossen sein Leben selbst, dem unversöhnlichen Kampf gegen das Eindringen des Stalinismus in jedes Gebiet der sowjetischen Aktivität und in die internationale Arbeiterbewegung. Schon 1927 verlangte Trotzki in der Plattform der Linken Opposition von der Sowjetregierung: "Wir müssen den Arbeitern die 'Kleinigkeiten' wiedergeben, die ihnen genommen worden sind (Kinderkrippen, kostenlose Benutzung der öffentlichen Verkehrsmittel, längere Ferien, usw.)."

Der Sieg der stalinistischen Bürokratie, warnte er - und er sagte dies mehr als ein Jahrzehnt vor 1936 - würde alle sozialen Errungenschaften der Revolution gefährden und die schlimmsten Kennzeichen des vorrevolutionären Russland wiederbeleben. Trotzki schloß in dieser weitsichtigen Vorhersage die Frauen nicht aus.

Wenn Millets Bemerkung beinhalten soll, daß Trotzki seine Kritik aus dem Jahre 1936 hätte früher vorbringen sollen, dann ist dies ein Fall von unhistorischer Beweisführung. Die politische Konterrevolution war ein Prozess, der sich erst in den Dreißigern konsolidierte. Es wäre falsch gewesen, in den Zwanzigern anzunehmen, daß die Degeneration der Revolution eine vorherbestimmte Tatsache sei. An jeder Stelle entlang des Weges hätte eine glückliche Revolution in einem anderen Land die revolutionären Kräfte innerhalb der Sowjetunion gestärkt und möglicherweise die Konsolidierung des stalinistischen Sieges verhindert.

Was heute nötig ist, ist eine Fortsetzung der Revolution von 1917, um sie zu vollenden. Es bedarf einer politischen Revolution, um die gegenwärtige konservative, privilegierte bürokratische Führung zu stürzen, die heute in der Sowjetunion existiert, und um die Privilegien zu entfernen und die Arbeiterdemokratie und eine revolutionäre Perspektive auf allen Gebieten wiederherzustellen, einschließlich der Befreiung der Frauen und der Ersetzung der Familie.

Der Beginn dieses Prozesses kann schon im Ostberliner Aufstand von 1953, der Ungarischen Revolution von 1956 und dem "tschechischen Frühling" von 1968 gesehen werden. In der Sowjetunion selbst gibt es einen aktiven Untergrund der Kritik und Rebellion, der am sichtbarsten wird in den Arbeiten oppositioneller Schriftsteller. Eine Kritik der reaktionären Politik der Bürokratie gegenüber der Familie wird in den Werken einiger Schriftsteller geübt, z.B. in Solschenizyns "Der erste Kreis". In dieser Novelle schreibt er :
"Dascha begann ihre Arbeit ein drittes Mal. Ihr erstes Thema war 'Probleme der Nahrungsverteilung im Sozialismus' gewesen. Dieses Thema war 20 Jahre vorher klar gewesen, als jeder Pionier, Dascha unter ihnen, auswendig wußte, daß die Familienküche ein Ding der Vergangenheit war und daß die befreiten Frauen ihr Essen in kollektiven Speiseräumen bekommen würden. Aber über die Jahre wurde dieses Thema vernebelt und sogar gefährlich. Gewiß jeder, der in einem kollektiven Speiseraum aß - Dascha selbst z.B.- tat dies nur aus Notwendigkeit.
Nur zwei Formen des gemeinschaftlichen Essens wurden weiterentwickelt: die teuren Restaurants - die kein Ausdruck des sozialistischen Prinzips waren - und die billigen Bars, die nur Wodka verkauften. In der Theorie gab es noch die kollektiven Speiseräume, weil die große Koryphäe (Stalin) in den vergangenen zwanzig Jahren zu beschäftigt gewesen war, um über das Thema der Nahrungsverteilung zu sprechen. Deshalb war es gefährlich zu riskieren, selbst darüber zu sprechen."

Die Bewegungen der Revolte und Opposition in der Sowjetunion repräsentieren die Interessen der sowjetischen Frauen. Frauen wie Larissa Daniel, die an einer Demonstration auf Moskaus Rotem Platz gegen die sowjetische Intervention in der CSSR teilnahm, sind führend unter den Oppositionellen, wie ihre Vorläuferinnen führend in der Revolution von 1917 waren.

Es wäre unbegreiflich, während Frauenbefreiungsbewegungen sich über die ganze Welt ausbreiten, daß eine solche Bewegung nicht auch in der Sowjetunion erscheinen würde, oder daß sie nicht eine führende Rolle in der politischen Revolution spielen wird. Eine große Lehre, die aus der sowjetischen Erfahrung gezogen werden kann, sowohl positiv wie auch negativ, ist die Notwendigkeit für die Frauen, sich als Frauen zu organisieren <u>vor</u> der sozialistischen Revolution und während der sozialistischen Revolution, so daß sie die größte Rolle in der Revolution spielen

können (der "Rammbock", um Trotzkis Terminologie zu benutzen) -
um zu sichern, daß ihre Bedürfnisse und Hoffnungen erfüllt
werden und nicht hintangestellt werden. Dies ist die Lehre,die
für jedes Land paßt - nicht nur für die Länder, wo die sozialistische Revolution wieder belebt oder befreit werden muß von
Deformationen, sondern für die Länder wie unser eigenes, wo die
sozialistische Revolution erst noch beginnen muß.

        Caroline Lund
        15.Oktober 1970

Dieser Artikel wurde in der "Prawda" vom 13. Juli 1923 abgedruckt.
Die erste englische Übersetzung von Z. Vengerova erschien 1924
in "Problems of Life", (Fragen des Alltagslebens, 1924)

Von der alten zur neuen Familie

Die Beziehungen und Ereignisse innerhalb der Familie gehören
wegen ihrer Eigenart zu denen, die am schwersten zu untersuchen
sind und die am wenigsten statistisch zu erfassen sind. Es ist
deshalb nicht leicht anzugeben, wie weit Familienbindungen
heute leichter und häufiger zerbrechen als früher (natürlich
in der Realität und nicht auf dem Papier). Wir müssen weitgehend nach dem Augenmaß urteilen.

Überdies besteht der Unterschied zwischen den vorrevolutionären
Zeiten und heute darin, daß früher alle Sorgen und dramatischen
Konflikte innerhalb der Arbeiterfamilien unbeachtet von den
Arbeitern selbst abliefen; während heute ein größerer geho-
bener Teil (upper part) der Arbeiter verantwortungsvolle Posten
innehat, ihr Leben damit viel stärker im Rampenlicht liegt
und jede häusliche Tragödie Gegenstand von Kommentaren und
manchmal dümmlichem Gerede wird.

Mit dieser ernsten Einschränkung gesehen läßt sich jedoch
nicht leugnen, daß die Familienbeziehungen einschließlich der
in der Arbeiterklasse zerrüttet sind. Dies wurde als feste
Tatsache auf der Konferenz der Moskauer Partei-Propagandisten (2)
festgestellt, und niemand zweifelte es an. Sie waren nur unter-
schiedlich von diesem Tatbestand beeindruckt - jeder auf seine
Weise. Einige betrachteten ihn mit großer Befürchtung, andere
mit Reserviertheit und einige schienen noch verwirrt zu sein.
Jedoch war allen klar, daß hier eine große Bewegung im Gange
war, der chaotisch abwechselnd morbide oder revoltierende,
lächerliche oder tragische Formen annahm und welcher noch
nicht Zeit genug gehabt hat, seine verborgenen Möglichkeiten
zu entwickeln, nämlich eine neue und höhere Ordnung des familiären Lebens zu schaffen. Einige Informationen über die Desintegration der Familie kamen in die Presse, jedoch zufällig
und in sehr vager, allgemeiner Form. In einem Artikel über
diesen Gegenstand habe ich gelesen, daß die Desintegration der
Arbeiterfamilie auf den "bürgerlichen Einfluß auf das Proletariat" zurückzuführen sei. Ganz so einfach ist es jedoch nicht.
Die Wurzel des Problems liegt tiefer und ist komplizierter.
Der Einfluß der Bourgeoisie existierte und existiert, jedoch
der entscheidene Prozeß besteht in der schmerzvollen Entwickelung der Arbeiterfamilie selbst, einer Evolution, die
zu einer Krise führt und deren Zeugen der ersten chaotischen
Entwickelungsstufen wir heute sind.

Der tiefe, zerstörerische Einfluß des Krieges auf die Familie
ist gut bekannt. Um damit zu beginnen: Der Krieg löst die
Familie automatisch auf, indem er die Menschen für lange von-
einander trennt und andere zufällig zusammenführt. Dieser Einfluß des Krieges wurde durch die Revolution fortgesetzt und

verstärkt. Die Kriegsjahre haben all das erschüttert, was nur durch die Trägheit der geschichtlichen Tradition Bestand hatte. Sie zerstörten die Macht des Zarentums, die Klassenprivilegien, die alte traditionelle Familie. Die Revolution begann damit, einen neuen Staat aufzubauen und hat dadurch ihr einfachstes (simplest) und dringendstes Ziel erreicht. Der ökonomische Teil der revolutionären Probleme erwies sich dabei als viel komplizierter. Der Krieg zerrüttete die alte ökonomische Ordnung, die Revolution warf sie über Bord. Heute sind wir dabei, neue ökonomische Verhältnisse zu schaffen - die wir jedoch noch hauptsächlich aus den alten Elementen bilden müssen, indem wir sie in neuer Weise reorganisieren.

Auf dem Gebiet der Ökonomie haben wir gerade erst die zerstörerische Periode (destructive periode) überwunden und begonnen, Fortschritte zu erzielen (ascend). Unsere Fortschritte sind immer noch sehr langsam, und die Errungenschaften einer neuen sozialistischen Form der Ökonomie sind noch weit entfernt. Aber wir sind endgültig aus der Periode der Zerstörung und des Ruins heraus. Den Tiefpunkt hatten wir in den Jahren 1920-21 erreicht.

Die erste destruktive Periode ist noch nicht im Familienleben überwunden. Der Desintegrationsprozeß schreitet noch heftig voran (in full swing). Diese Tatsache müssen wir berücksichtigen. Die Familie und das häusliche Leben machen noch - sozusagen - ihre 1920-21 Periode durch und haben nicht den 1923er Standard erreicht. Das häusliche Leben ist konservativer als die Ökonomie, und einer der Gründe liegt darin, daß es noch weniger bewußt ist als die Ökonomie. In der Politik und der Wirtschaft handelt die Arbeiterklasse als ganze und stellt in die Frontreihen seine Avantgarde, die Kommunistische Partei, und erreicht durch sie die historischen Aufgaben des Proletariats. Im häuslichen Leben ist die Arbeiterklasse in viele kleine Zellen, die Familien, geteilt. Der Wechsel der politischen Herrschaft, und sogar der Wandel der wirtschaftlichen Ordnung des Staates - die Übernahme der Frabiken in die Hände der Arbeiter - haben sicherlich Einfluß auf die Familienverhältnisse, jedoch nur indirekt und äußerlich und ohne die Formen der häuslichen Tradition der Vergangenheit wirklich anzutasten.

Eine radikale Reform der Familie und allgemein der gesamten Ordnung des häuslichen Lebens erfordert die bewußte Anstrengung auf Seiten der ganzen Massen der Arbeiterklasse und setzt die Existenz einer starken molekularen Kraft innerhalb der Klasse selbst für einen Wunsch nach Kultur und Fortschritt voraus. Ein tiefgehender Pflug ist notwendig, um die schweren Erdbrocken aufzuwühlen. Die politische Gleichheit von Mann und Frau im Sowjetstaat war ein Problem, und das simpelste. Ein wesentlich schwierigeres war das nächste - die wirtschaftliche (industrial) Gleichheit von Mann und Frau in den Fabriken und Gewerkschaften, welche nicht zum Nachteil der Frau ausgeführt werden darf. Aber die wirkliche Gleichheit von Mann und Frau in der Familie ist eine wesentlich schwierigere Aufgabe (ardous). Alle unsere häuslichen Gewohnheiten müssen revolutioniert werden, bevor das geschehen kann. Und dennoch ist es ganz offenkundig, daß wir nicht ernstlich von einer Gleichheit in gesellschaftlicher

Arbeit und sogar in der Politik sprechen können, ohne die
Gleichheit von Mann und Frau in der Familie in den gesellschaftlichen Normen wie in den Lebensbedingungen herzustellen.
Solange die Frau an die Hausarbeit gekettet ist, die Sorge
für die Familie, Kochen und Nähen, sind alle Chancen auf die
Teilnahme am sozialen und politischen Leben extrem abgeschnitten.

Das leichteste Problem war die Machtergreifung. Jedoch gerade
dieses Problem absorbierte alle unsere Kräfte in den ersten
Perioden der Revolution. Es erforderte endlose Opfer. Der
Bürgerkrieg erzwang die einschneidensten Maßnahmen.

Vulgäre Philister beklagten die Barbarisierung der Moral,
über die Blutigkeit und Erniedrigung des Proletariats und so
weiter.

Tatsächlich jedoch führte das Proletariat, indem es die in
seine Hände gelegte revolutionäre Gewalt benutzte, einen
Kampf für eine neue Kultur, für wirkliche menschliche Werte.
In den ersten vier oder fünf Jahren haben wir eine Periode
des schrecklichen wirtschaftlichen Zusammenbruchs durchschritten. Die Produktivität der Arbeit sank rapide (collapsed) und
die Produkte waren von sehr schlechter Qualität. Unsere
sehen in dieser Situation ein Zeichen des Verfalls der
Sowjetunion oder sie wollen es zumindest so sehen. In Wirklichkeit jedoch war es die unumgängliche Stufe der Zerstörung der alten wirtschaftlichen Formen und der ersten,
auf sich allein gestellten Versuche zur Schaffung neuer Formen.

In Hinblick auf die Familienbeziehungen und Formen des individuellen Lebens allgemein muß es auch eine unvermeidliche
Periode der Desintegration der bestehenden Verhältnisse, der
Traditionen, die aus der Vergangenheit übernommen wurden, die
noch nicht der Kontrolle der Vernunft unterworfen wurden, geben. Aber in dieser Domäne des häuslichen Lebens beginnt die
Periode der Kritik und Destruktion später, dauert sie sehr
lange und nimmt morbide und schmerzhafte Formen an, welche
jedoch komplex sind und nicht immer durch oberflächliche Betrachtung erfaßbar sind. Diese Merkmale des fortschreitenden kritischen Wändels in den staatlichen Bedinungen, in der Wirtschaft und im Leben allgemein müssen
klar definiert werden, um nicht durch die von uns beobachteten Erscheinungen verwirrt zu werden. Wir müssen
lernen, sie im richtigen Licht zu betrachten, um ihren
richtigen Platz in der Entwicklung der Arbeiterklasse zu
verstehen und die neuen Bedingungen bewußt in die Richtung
sozialistischer Lebensformen zu lenken.

Die Warnung ist notwendig, da wir schon Alarmrufe hören. Auf
der Konferenz der Moskauer Parteipropagandisten haben einige
Genossen mit großer und verständlicher (natural) Besorgnis
von der Leichtigkeit gesprochen, mit der alte Familienbindungen zugunsten neuer gebrochen werden, die nicht weniger instabil als die alten sind. Opfer sind in allen Fällen die
Mütter und die Kinder. Andererseits, wer unter uns hat noch
nicht in privaten Gesprächen Beschwerden, um nicht zu sagen
Lamentationen, über den "Zusammenbruch der Moral" unter der
Sowjetjugend, besonders unter dem Komsomol (3) gehört? Nicht alles an diesen Beschwerden ist Übertreibung – es ist auch

Wahrheit in ihnen. Wir müssen sicherlich und werden auch die
dunklen Seiten dieser Wahrheit bekämpfen - dieser Kampf ist
ein Kampf für höhere Kultur und für den Aufstieg der Menschheit. Aber um unser Werk zu beginnen, um das ABC des Problems
anzupacken ohne reaktionäres Moralisieren oder sentimentale
Resignation (downheartedness), müssen wir zunächst uns der
Fakten versichern und klar sehen, was tatsächlich geschieht.

Wie wir oben sagten, haben gigantische Ereignisse auf die
Familie in ihrer alten Gestalt eingewirkt, der Krieg und die
Revolution. Und in deren Folge kam als unterirdische Entwicklung - kritisches Denken, die bewußte Untersuchung und Bewertung der Familienbeziehungen und der Lebensformen. Es war die
mechanische Kraft großer Ereignisse zusammen mit der kritischen Kraft des erwachten Bewußtseins, die die destruktive
Periode in den Familienbeziehungen hervorriefen, deren Zeuge
wir heute sind. Die russischen Arbeiter müssen nun, nach der
Machtergreifung, ihre ersten Schritte in Richtung auf Kultur
in vielen Lebensbereichen machen. Unter dem Impuls großer
Kollisionen schüttelt die Persönlichkeit erstmal alle traditionellen Lebensformen, alle häuslichen Gewohnheiten, religiösen
Praktiken und Beziehungen ab. Kein Wunder, daß anfangs der
Protest des Individuums, seine Revolte gegen die traditionsbehaftete Vergangenheit anarchische, oder um es schärfer
(cruel) zu sagen, Formen der Auflösung annimmt. Wir
haben das in der Politik, in militärischen Angelegenheiten,
in der Wirtschaft gesehen; hier nahm der anarchische Individualismus jede Form des Extremismus, Partisanentum (partisanship), Festrednerrethorik an. Und kein Wunder, daß dieser Prozeß auf die innigste Weise und damit schmerzvoll auf
die Familienbeziehungen zurückwirkt. Dort verließ die erwachte Persönlickeit die ausgetretenen Pfade, um sich in
neuer Weise zu reorganisieren ,und nahm Zuflucht bei der
"Auflösung" (dissipation), "Krankheit" und all den Sünden,
die auf der Moskauer Konferenz angegriffen wurden.

Der durch seine erhöhte Mobilität aus seiner gewohnten Umwelt gerissene Ehemann verwandelte sich in einen revolutionären Bürger an der gesellschaftlichen Front(civic front).
Ein schlagartiger Wandel. Sein Blick ist weiter, seine geistigen Anstrengungen sind höher und komplizierter. Er ist
ein anderer Mensch. Und dann kommt er zurück und findet alles praktisch unverändert vor. Die alte Harmonie und das
Verhältnis mit den Menschen zu Hause in der Familie ist
verlorengegangen. Es bildet sich auch kein neues Verhältnis
heraus. Die gegenseitige Verwunderung wechselt in gegenseitige Unzufriedenheit (discontent), dann in Feindseligkeit. Die Familie ist zerbrochen.

Der Ehemann ist Kommunist. Er lebt ein tätiges Leben, nimmt
an gesellschaftlicher Arbeit teil, sein Bewußtsein wächst,
sein persönliches Leben ist absorbiert durch seine Arbeit.
Aber seine Frau ist auch Kommunist. Sie will an gesellschaftlicher Tätigkeit teilnehmen, öffentliche Versammlungen besuchen, im Sowjet oder der Gewerkschaft arbeiten. Häusliches
Leben hört auf zu bestehen, bevor sie es eigentlich gewahr
werden, oder das Vermissen der häuslichen Athmosphäre endet
in ständigen Reibereien. Mann und Frau verstehen sich nicht
mehr. Die Familie ist zerbrochen.

Der Ehemann ist Kommunist, die Frau nicht. Der Ehemann ist
absorbiert durch seine Arbeit; die Frau kümmert sich wie zuvor nur um das Heim. Die Beziehungen sind "friedlich", tatsächlich jedoch beruhen sie auf gewönlicher Entfremdung.
Aber das Komitee des Ehemannes - die kommunistische Zelle-ver-
langt, daß er die Ikonen in seiner Wohnung entfernen soll. Er
ist bereit zu folgen, findet es ganz natürlich. Für seine
Frau ist es jedoch eine Katastrophe. Gerade so ein kleines
Vorkommnis zeigt die ganze Breite des Abgrundes, der das Bewußtsein des Mannes von dem seiner Frau trennt. Die Beziehungen sind zerstört. Die Familie ist zerbrochen.

Eine alte Familie. Zehn, fünfzehn Jahre gemeinsames Leben. Der
Ehemann ist ein guter Arbeiter, seiner Familie verpflichtet;
seine Frau lebt auch für ihr Heim, investiert dort alle Energie. Aber durch Zufall kommt sie in Kontakt mit einer kommunistischen Frauenorganisation. Vor ihren Augen öffnet sich
eine neue Welt. Ihre Energie findet ein neues und weiteres
Betätigungsfeld. Die Familie wird vernachlässigt. Der Ehemann
ist irritiert, gereizt, wütend. Die Frau ist in ihrem neuer-
wachten Bewußtsein verletzt. Die Familie ist zerbrochen.

Beispiele solcher häuslicher Tragödien, die alle zum gleichen
Ergebnis führen, dem Auseinanderbrechen der Familie, können
endlos aufgeführt werden. Wir haben nur die typischsten Fälle
gezeigt. In all unseren Beispielen läßt sich die Tragödie auf
eine Kollision zwischen kommunistischen und nichtparteigebun-
denen Elementen zurückführen. Aber der Zerfall der Familie,
genauer, des alten Familientyps, ist nicht auf die Spitze der
Klasse beschränkt, die am stärksten dem Einfluß der neuen Bedingungen ausgesetzt ist. Die auflösende Bewegung in den
Familienbeziehungen dringt tiefer ein. Die kommunistische Vorhut durchläuft nur früher und stärker, was früher oder später
für die ganze Klasse unvermeidlich ist. Die prüfende Haltung
gegenüber alten Verhältnissen, die neuen Forderungen an die
Familie überschreiten weit die Grenzlinie zwischen Vorhut und
der gesamten Arbeiterklasse.

Die Einrichtung der Zivilehe war schon ein starker Schlag
gegen die traditionelle geweihte (consecrated) Familie, die
zum großen Teil durch Äußerlichkeiten zusammengehalten wurde.
Je weniger persönliche Bindung in den alten
Ehebeziehungen lag, desto größer war die
bindende Kraft äußerer Kräfte, sozialer Traditionen und besonders religiöser Riten. Der Schlag gegen die Macht der Kirche
war auch ein Schlag gegen die Familie. Obwohl sie ihrer bin-
denden Kraft und der öffentlichen Anerkennung beraubt sind,
bleiben die Riten noch in Gebrauch durch Trägheit und dienen
als eine der Stützen für die wankende Familie. Aber wenn es
kein inneres Band in der Familie gibt, wenn nichts als Trägheit die Familie vor dem Zusammenbruch bewahrt, dann ist
wahrscheinlich, daß jeder Stoß von außen die Familie in
Stücke zerbrechen wird, während es zur gleichen Zeit ein
Schlag gegen das Befolgen von Kirchenriten ist. Und Stöße
von außen sind in Zukunft unendlich wahrscheinlicher als
zuvor. Das ist der Grund, weshalb die Familie in Auflösung
begriffen ist (totters) und sich nicht wieder erholt und dann
wieder taumelt. Das Leben sitzt über seine Bedingungen zu Ge-
richt und tut dies, indem es grausam und schmerzhaft die

Familie verurteilt. Die Geschichte fällt den alten Wald – und die Späne fliegen im Wind.

Aber bringt das Leben Elemente eines neuen Familientyps hervor? Zweifellos. Wir müssen nur die Natur dieser Elemente klar begreifen und den Prozeß ihrer Bildung. Wie in anderen Fällen auch müssen wir die physischen Bedingungen von den psychologischen trennen, das allgemeine von dem Individuellen. Psychologisch bedeutet die Herausbildung der neuen Familie, von neuen menschlichen Beziehungen im allgemeinen für uns den Fortschritt in der Kultur der Arbeiterklasse, die Entwicklung des Individuums, die Erhöhung seines Standards seiner Bedürfnisse und inneren Disziplin. Aus diesem Blickwinkel bedeutete die Revolution natürlich einen riesigen Schritt nach vorn, und die schlimmsten Erscheinungen der desintegrierenden Familie bezeichnen so nur einen Ausdruck, wenn auch in seiner Form sehr schmerzhaft, des Erwachens der Klasse und des Individuums in der Klasse. All unsere Arbeit in Bezug auf die Kultur, die Arbeit, die wir machen, und die Arbeit, die wir machen sollten, wird so, von diesem Blickpunkt aus betrachtet, eine Vorbereitung für neue Beziehungen und eine neue Familie. Ohne Hebung des kulturellen Standards des einzelnen Arbeiters und der einzelnen Arbeiterin gibt es keine neuen Familien höheren Typs, denn in dieser Domäne können wir nur von innerer Disziplin und nicht von äußerem Zwang sprechen. Die Stärke dieser inneren Disziplin des Individuums in der Familie ist durch den Tenor des inneren Lebens (?!), die Blickweite und die Werte der Bindungen, die Mann und Frau vereinen, bedingt.

Die physischen Vorbereitungen für die Bedingungen des neuen Lebens und der neuen Familie wiederum können nicht grundsätzlich von der allgemeinen Arbeit des sozialistischen Aufbaus getrennt werden. Der Arbeiterstaat muß reicher werden, um in der Lage zu sein, ernsthaft die öffentliche Erziehung der Kinder und die Entlastung der Familie von der Last der Küche und der Wäscherei anzupacken. Vergesellschaftung der familiären Haushaltung und öffentliche Erziehung der Kinder ist undenkbar ohne einen merklichen Fortschritt in unserer Wirtschaft als ganzer. Wir brauchen mehr sozialistische Wirtschaftsformen. Nur unter diesen Bedingungen können wir die Familie von Funktionen und Aufgaben befreien, die sie heute belasten und desintegrieren. Das Waschen muß in einer öffentlichen Wäscherei geschehen, die Versorgung mit Essen in einem öffentlichen Restaurant, Nähen durch öffentliche Einrichtungen. Die Kinder müssen durch gute öffentliche Lehrer erzogen werden, die eine echte Berufung für diese Arbeit spüren. Dann wird das Band zwischen Mann und Frau von allen äußeren und zufälligen Dingen befreit und der eine würde aufhören, das Leben des anderen völlig für sich in Anspruch zu nehmen. Echte Gleichberechtigung würde schließlich erreicht. Das Band würde auf gegenseitiger Anziehung beruhen. Und in dieser Hinsicht wird sie innere Stabilität erreichen, natürlich nicht dieselbe für alle, aber als Zwang für keinen.

So ist der Weg der neuen Familie ein doppelter: a) die Hebung des Standards der Kultur und Erziehung der Arbeiterklasse und der Klassenindividuen; b) eine Verbesserung der materiellen Verhältnisse der Klasse durch den Staat. Beide Prozesse sind eng miteinander verbunden.

Natürlich implizieren die eben gemachten Feststellungen nicht, daß zu einem gegebenen Moment der materiellen Besserstellung die Familie der Zukunft sofort vollständig entstehen wird.
Es ist wahr, daß der Staat heute weder die Erziehung der Kinder noch die Einrichtung von öffentlichen Küchen leisten kann, die eine Verbesserung der Familienküche sein würde, und auch nicht die Schaffung von öffentlichen Wäschereien, wo die Kleider nicht zerrissen oder gestohlen würden. Aber dies heißt nicht, daß die initiativfreudigeren und fortschrittlicheren Familien sich nicht zusammentun könnten zu gemeinsamen Haushaltungen. Experimente dieser Art müssen natürlich gemacht werden; die technischen Einrichtungen der kollektiven Einheit müssen auf die Interessen und Erfordernisse der Gruppen selbst abgestimmt sein und sollten handfeste Fortschritte für jedes Mitglied mit sich bringen, auch wenn sie zunächst noch klein sein sollten.

"Diese Aufgaben", schrieb vor kurzem Genosse Semaschko (4) über die Notwendigkeit der Umgruppierung unseres Familienlebens, "wird am besten in der Praxis durchgeführt; Verordnungen und Moralisieren allein werden wenig Wirkung haben. Aber ein Beispiel, eine Illustrierung einer neuen Form werden mehr erreichen als tausende hervorragender Broschüren. Diese Propaganda der Praxis wird am besten mit den Methoden durchgeführt, die die Chirurgen in ihrem Bereich Transplantation nennen. Wenn eine große Oberfläche entweder als Ergebnis einer Verwundung oder Verbrennung ohne Haut ist und keine Hoffnung besteht, daß genügend Haut nachwächst, um sie zu bedecken, werden Hautstücke von gesunden Körperteilen abgetrennt und stückchenweise auf die bloße Oberfläche aufgetragen; diese Stücke verwachsen und werden größer, bis die gesamte Oberfläche mit Haut bedeckt ist.

Dasselbe geht bei praktischer Propaganda vor sich. Wenn eine Fabrik oder ein Werk kommunistische Formen übernimmt, werden andere Fabriken folgen." (N. Semaschko:"Das Tote lastet auf dem Lebenden", Iswestija Nr. 81, 14.April 1923). Die Erfahrungen solcher Familienhaushaltskollektive, die die erste, noch sehr unvollkommene Annäherung an einen kommunistischen Lebensstil darstellen, sollten sorgfältig studiert werden und ihnen große Beachtung gegeben werden. Die Kombination von Privatinitiative und staatlicher Hilfe, vor allem zwischen den lokalen Sowjets und den ökonomischen Einheiten, sollten Vorrang besitzen. Der Bau von neuen Häusern - und wir werden neue Häuser bauen! - sollte bestimmt sein durch die Erfordernisse der Familiengruppenkommunen. Der erste sichtbare und unzweifelhafte Fortschritt in dieser Richtung, wie klein und begrenzt er auch sein mag, wird unweigerlich auch in weiter entfernten Gruppen den Wunsch wecken, ihr Leben ähnlich zu organisieren. Für ein ausgeklügeltes Schema, das von oben initiiert ist,
ist die Zeit noch nicht reif, sowohl was die materiellen Möglichkeiten (Resources) des Staats als auch die Vorbereitung des Proletariats selbst angeht. Wir können die gegenwärtigen Schwierigkeiten (deadlock) nur durch die Bildung von Modellkommunen umgehen. Der Boden unter unseren Füßen kann Schritt für Schritt verstärkt werden; es darf kein zu weites Vorauseilen oder Verfallen auf bürokratische phantastische Experimente geben. Zur gegebenen Zeit wird der Staat mit Hilfe der örtlichen Sowjets, kooperativer Einheiten usw. in der

Lage sein, die getane Arbeit zu vergesellschaften, sie zu erweitern und vertiefen. Auf diese Art wird die menschliche Familie, mit den Worten von Engels, "aus dem Reich der Notwendigkeit ins Reich der Freiheit springen".

Trotzkis Botschaft an eine Versammlung von Arbeiterinnen in Moskau wurde am 28. Nov. 1923 in der Prawda abgedruckt. Sie wurde ins Englische übersetzt von George Saunders und am 30. März in der Intercontinental Press veröffentlicht.

Ein Brief an eine Versammlung von Arbeiterinnen in Moskau

Es tut mir außerordentlich leid, daß eine hartnäckige Erkältung mich daran hindert, an Eurer Versammlung, die die fünfjährige korrekte und intensive Arbeit der Partei unter den Frauen feiert, teilzunehmen. So sende ich schriftliche Grüsse an die Teilnehmerinnen der Veranstaltung - -und durch sie - an die Arbeiter- und Bauernfrauen, die bereits durch die Parteiarbeit überzeugt wurden, und an die, die es morgen sein werden.

Das Problem der Frauenemanzipation - sowohl materiell als auch geistig - ist eng verbunden mit dem der Umwandlung des Familienlebens. Es ist nötig, die Barrieren der engen und erstickenden Käfige, in denen die bestehende Familienstruktur die Frau gefangenhält und sie so zur Sklavin, oder gar zu einem Lasttier, macht, zu beseitigen. Das kann nur geleistet werden durch die Organisierung gemeinschaftlicher Ernährung und Kindererziehung.

Der Weg dahin ist lang: materielle Mittel sind nötig; ebenso Willensstärke, Wissen und Einsatz.

Es gibt zwei Möglichkeiten zur Umgestaltung des alltäglichen Familienlebens: von oben und von unten. "Von unten", das heißt die Fähigkeiten und Anstrengungen der einzelnen Familien zusammenfassen, indem größere Familien mit gemeinsamen Küchen, Wäschereien etc. gegründet werden. "Von oben" meint die Initiativen des Staates oder der lokalen Sowjets, die darin bestehen, daß Arbeiterwohngemeinschaften, gemeinschaftliche Lokale, Wäschereien, Kindergärten etc. gebaut werden. In einem Arbeiter- und Bauernstaat steht das eine dem anderen nicht entgegen; das eine muß das andere ergänzen. Die Anstrengung des Staates wäre wertlos ohne die eigenständige Mithilfe der Arbeiterfamilien selbst beim Aufbau eines neuen Lebens; aber auch der Einsatz größter Energien einzelner Arbeiterfamilien wäre ohne die Führung und Hilfe der lokalen Sowjets und des Staates ebenso erfolglos. Die Arbeit muß gleichzeitig von oben und unten vorangetrieben werden.

Ein Hindernis bei dieser Aufgabe - und auch bei anderen - ist der Mangel an materiellen Mitteln. Aber das bedeutet nur, daß der Erfolg sich nicht so schnell, wie wir es wünschen, einstellt. Es wäre jedoch absolut unzulässig, würden wir aufgrund der Armut das Problem der neuen Lebensgestaltung beiseiteschieben.

Trägheit und blinde Gewohnheit sind leider noch sehr mächtig. Und nirgendwo hat blinde, dumpfe Gewohnheit noch solch starken Einfluß wie in dem düsteren, abgeschlossenen Leben innerhalb der Familie. Und wer hat als erste die Pflicht, gegen die unzivilisierten Familienbräuche zu kämpfen, wenn nicht die Revolutionärin? Damit ist nicht gesagt, daß all die fortschrittlichen Arbeiter der Verantwortung enthoben sind, an der Umgestaltung der wirtschaftlichen Struktur des Familienlebens, vor allem der Ernährung und der Kindererziehung, aktiv mitzuwirken. Aber die, die am energischsten und beharrlichsten für das <u>Neue</u> kämpfen, sind die, die am meisten unter dem <u>Alten</u> leiden. Und unter den bestehenden Kamilienverhältnissen leidet die Frau und Mutter am meisten.

Darum sollte die proletarische Kommunistin - und, ihr nachfolgend, jede bewußtgewordene Frau - einen Großteil ihrer Kraft und Aufmerksamkeit der Umgestaltung des alltäglichen Lebens widmen. Gerade weil unsere ökonomische und kulturelle Rückständigkeit viele Probleme schafft und wir nur langsam vorwärts gehen können, ist es nötig, daß durch die öffentliche Meinung aller Arbeiterinnen Druck ausgeübt wird, daß alles, was zur Zeit in unseren Kräften steht, auch wirklich getan wird.

Nur so können wir den rückständigsten und unbewußtesten Arbeiterfrauen und auch den Bauernfrauen den Weg zum Sozialismus zeigen.
Ich wünsche Euch Erfolg in Eurer Arbeit.
L. Trotzki

Mit kommunistischen Grüssen

Trotzki sprach vor der Dritten All-Unions Konferenz zum Schutz der Mütter und Kinder am 7. 12. 1925. Die Rede wurde sowohl in der Prawda wie auch in der Iswestija vom 17. 12. 1925 veröffentlicht.

Der Schutz der Mutterschaft und der Kampf für Kultur

Genossen, Eure Konferenz über den Schutz der Mütter und Kinder ist wertvoll, weil sie durch den Inhalt ihrer Aktivitäten zeigt, daß Arbeit auf dem Gebiet des Aufbaus der neuen sozialistischen Kultur von Angelpunkten aus geleistet wird, gleichzeitig und in einer parallelen Weise. Erst gestern hatte ich die Gelegenheit, mich mit den der Konferenz in Broschürenform vorgelegten Thesen zu beschäftigen - obwohl ich nicht Zeit genug hatte, sie gründlich durchzugehen. Und was einem, der mehr oder weniger vom Rande her beobachtet (obwohl letzlich keiner das Recht hat, Eurer Arbeit aus dem Wege zu gehen), an den Thesen am meisten auffällt, ist die Tatsache, daß Eure Arbeit außerordentliche Korrektheit und Tiefe erlangt hat; von den dunklen Problemen, die wir in den Jahren 1918-19 feststellten, sind wir schon dazu übergegangen, korrekt nachzudenken und praktisch diese Probleme auf der Basis unserer gemeinsamen Erfahrungen auszuarbeiten, ohne die notwendigen Perspektiven zu verlieren und ohne in Haarspalterei zu verfallen. Und dies ist eine große Errungenschaft von uns in allen Gebieten unserer Arbeit und wird voll und zusammengefaßt in den Thesen über den Schutz der Mütter und Kinder ausgedrückt.

Genossen, was die meiste Aufmerksamkeit auf sich zog (wenigstens meine - und ich denke, dies könnte auf jeden Leser der Thesen zutreffen) - was die meiste Aufmerksamkeit auf sich zog, war die Tafel, die in den Thesen der Genossin Lebedeva über die Kindersterblichkeit aufgenommen war. Sie verblüffte mich. Ihr habt diese Frage hier wahrscheinlich schon konkreter diskutiert, aber auf die Gefahr hin zu wiederholen, muß ich noch bei diesem Punkt verweilen. Wir haben hier eine Tabelle, die die Sterblickeit der Kinder bis zu ersten Lebensjahr für 1913 und 1923 vergleicht. Ist diese Tabelle wahr? Das ist die erste Frage, die ich mir stelle und die ich anderen stelle. Ist sie wahr? In jedem Fall wird sie öffentlicher Überprüfung ausgesetzt sein. Ich denke, sie sollte aus den Thesen, die nur Euch Spezialisten auf diesem Gebiet erreichbar sind, herausgenommen werden und zur Waffe unserer Presse - der der Sowjets und der Partei - gemacht werden. Sie muß statistischer Klärung und Überprüfung unterworfen werden, und falls sie wahr ist, dann sollte sie als eine sehr wertvolle Errungenschaft im Bestand unserer sozialistischen Kultur berichtet werden.

Es scheint nach dieser Tabelle, daß im Jahre 1913, als Russland beträchtlich reicher war als wir jetzt - ja, Russland als ein Staat, als eine Nation, oder als eine Ansammlung von Nationen, war beträchtlich reicher als wir es jetzt sind (wir nähern uns jetzt dem Jahr 1913 <u>in der Produktion</u> an, aber noch nicht <u>in der Akkumulation</u>, und selbst wenn wir voll den Stand der industriellen und landwirtschaftlichen Pro-

duktion von 1913 erreicht haben, wird es noch eine lange Zeit
sein, bevor wir die Akkumulation von nationalem Reichtum haben,
den es 1913 gab) - trotzdem, es stellt sich heraus, daß 1913
die Sterblichkeit der Kinder bis zu einem Jahr in der Vladimir-Provinz 29% betrug; heute ist sie 17,5%. Und für die Moskauer Provinz war sie fast 28%; heute ist sie ungefähr 14%.

Ist das wahr oder nicht wahr? (Stimme: wahr!) Ich möchte das
nicht zu bezweifeln wagen. Ich sage nur: Ihr wißt es; das
ganze Land sollte es erfahren. Der Gegensatz zwischen diesen
Zahlen muß sorgfältig vor allen Augen aufgezeigt werden. Es
ist überraschend - solch ein Fall in der Sterblichkeitsrate mit
solch einem niedrigen Stand der Produktivkräfte und der Akkumulation im Land. Wenn dies eine Tatsache ist, dann ist es
die unbezweifelbarste Großtat unserer neuen Kultur des Alltagslebens und vor allem Eurer Anstrengungen als eine Organisation. Wenn dies eine Tatsache ist, dann sollte sie nicht
nur innerhalb der Union bekanntgegeben werden, sondern auch
auf der Weltebene. Und wenn nach einer Überprüfung diese Tatsache unbezweifelbar wird für die gesamte öffentliche Meinung, dann müßt ihr feierlich erklären, daß von nun an wir
aufhören werden, Vergleiche mit dem Vorkriegsstand anzustellen. Die Tabelle zeigt, daß in der Moskauer Provinz nur halb
so viel Kinder bis zu einem Lebensjahr sterben wie vor dem
Krieg. Aber unsere kulturellen und alltäglichen Bedingungen
vor dem Krieg waren Bedingungen von Herrschaft und Knechtschaft, d.h. die verachtenswertesten Bedingungen, die erschreckensten Bedingungen. Der Erfolg im Vergleich zu diesen
Bedingungen istsehr befriedigend, aber Vorkriegsbedingungen können nicht länger unser Krterium sein. Wir
haben andere Kriterien zu suchen, und im Augenblick müssen
wir dieses Kriterium noch in der zivilisierten <u>kapitalistischen</u>
Welt suchen - in welcher Anzahl sterben Kinder im kapitalistischen Deutschland, Frankreich, England und Amerika?

Und hier findet sich eine vollständige Parallele der Methoden und eine Ähnlichkeit des Herangehens an die Frage wieder
- in Eurer Arbeit von jedem. Wenn Ihr die Arbeit unserer Industrie und unserer Landwirtschaft verfolgt, können dieselben Prozesse beobachtet werden: Bis gestern, bis heute arbeiteten wir und arbeiten wir mit dem Blick auf den Vorkriegsstand. Wir sagen: Unsere Industrie erreichte im vergangenen Jahr 75% des Vorjahrstandes; dieses Jahr beginnend mit dem 1. Oktober, wird sie, sagen wir mal 95%
erreichen, und wenn die Dinge gut gehen, sogar die vollen
100%. Aber in Wirklichkeit, hören wir auf, unseren Erfolg mit
dem Vorkriegsstand zu vergleichen. Wir dürfen nicht zu
einem Vorkriegsstand kommen, der Teil der Geschichte unserer Barbarei ist, sondern wir haben den Druck - ökonomisch, militärisch und kulturell - auszugleichen, der auf
uns vom Ausland her lastet. Die kapitalistischen Feinde
sind gebildeter als wir, mächtiger als wir; ihre Industrie
ist unserer überlegen, und es ist möglich, daß trotz der
kapitalistischen Struktur, die dort vorherrscht, die Kindersterblichkeit in einigen von ihnen nicht niedriger ist
als hier. Es scheint mir deshalb, daß diese Tabelle ein
Grenzstein werden sollte, der einen Wendepunkt in Eurer
Arbeit markiert. Indem wir diese Tabelle überprüfen, indem wir sie dem allgemeinen Bewußtsein einprägen, sagen wir:

Von jetzt an werden wir nicht mit dem Vorkriegsstand vergleichen, sondern mit den Staaten mit dem höchsten kulturellen Stand.

Das Schicksal von Mutter und Kind, schematisch gesprochen, d. h., in den Grundzügen, hängt an erster Stelle von der Entwicklung der Produktivkräfte einer gegebenen Gesellschaft ab, von der Größe ihres Reichtums, und zweitens von der Verteilung dieses Reichtums unter die Mitglieder dieser Gesellschaft, d. h. von der gesellschaftlichen Struktur. Dieser Staat kann seinen Strukturen nach kapitalistisch sein, d. h. auf einer geringeren gesellschaftlichen Stufe als der sozialistische, aber trotzdem reicher. Das ist genau der Fall, den die Geschichte uns zeigt: Die führenden kapitalistischen Länder sind unvergleichlich reicher als wir, aber das System der Verteilung und Konsumption dieses Reichtums gehört zu der vorhergehenden Periode der Geschichte, d. h. zum Kapitalismus. Unsere gesellschaftliche Struktur muß durch die Möglichkeiten, die in ihr enthalten sind, für sich unvergleichlich höhere Kriterien, Modelle, Ziele und Aufgaben suchen, als sie der Kapitalismus hat. Aber da der Kapitalismus unvergleichlich reicher an Produktivkräften ist als wir, müssen wir als unsere unmittelbare Aufgabe nehmen, ihn einzuholen, so daß wir ihn später überholen. Daß heißt, daß, nachdem wir eine Barriere überwunden haben - den Vorkriegsstand - wir uns eine zweite Aufgabe stellen müssen - so schnell wie möglich mit den fortgeschrittensten Ländern gleichkommen, wo die Frage der Mütter und Kinder der Ausgebeuteten die Aufmerksamkeit der Bourgeoisie auf sich zieht, die von ihren Klasseninteressen bestimmt wird.

Es könnte gesagt werden, daß, wenn die Lage der Mutter und des Kindes an erster Stelle von der Entwicklung der Produktivkräfte, von dem allgemeinen Stand der Ökonomie eines gegebenen Landes abhängt, und zweitens von der sozialen Struktur, von der Art der Konsumption und Verteilung des Reichtums eines Landes abhängt, welche Bedeutung hat dann die Arbeit Eurer besonderen Organisation? Ich stelle diese Frage rethorisch. Jede soziale Struktur, eine sozialistische miteingeschlossen, kann sich mit dem Phänomen konfrontiert sehen, daß die materiellen Möglichkeiten für eine gegebene Verbesserung und Änderung des Lebens gegenwärtig vorhanden sind, aber Faulheit, träge Denkgewohnheiten, sklavische Traditionen, konservative Dummheit können selbst in der sozialistischen Struktur angetroffen werden als ein Relikt aus der Vergangenheit, als Fehlen von Initiative und Kühnheit in der Zerstörung alter Lebensformen. Und die Aufgabe unserer Partei und der von ihr geführten gesellschaftlichen Organisationen, wie eurer, besteht darin, Sitten, Alltagsgewohnheiten und die Pschologie vorwärts zu bringen und zu verhindern, daß die Bedingungen des täglichen Lebens hinter die sozioökonomischen Möglichkeiten zurückfallen.

Was die Technologie anbelangt, existiert eie Herausforderung: der Druck vom Westen. Wir sind jetzt auf dem europäischen Markt; wir kaufen und verkaufen. Als Geschäftsleute sind wir, d. h. der Staat, daran interessiert, teuer zu verkaufen und billig zu kaufen, aber um gut zu kaufen und zu verkaufen, muß man billig produzieren, um billig zu produzieren, muß

man eine gute Technologie, einen hohen Stand der Organisation
der Produktion haben. Daß heißt, um auf den Weltmarkt zu kommen, haben wir uns unter das Joch der amerikanischen Technologie begeben. Hier, ob wir es wollen oder nicht, müssen wir
vorwärts gehen. All die Probleme unserer sozialen Struktur,
und daß heißt auch das Schicksal der Mütter und Kinder, hängt
vom Erfolg ab, wieweit wir diesem weltweiten Wettbewerb
gewachsen sind.   Daß wir mit der Bourgeoisie in unserem
Land abgerechnet haben, daß auf der Basis der NEP unsere
staatliche Industrie floriert und sich entwickelt, daß es
keine Gefahr gibt, daß die Privatkapitalisten die Staatsindustrie auf dem Markt schlagen - unbezweifelbare Zahlen bestätigen das -, ist jetzt allen klar. Aber sobald wir auf dem
internationalen Markt sind, ist der Konkurrent stärker, mächtiger, gebildeter. Hier haben wir einen neuen Standard auf dem
ökonomischen Gebiet - die europäische und amerikanische Technologie - einzuholen, um sie später zu überholen.

Gestern haben wir eine Elektrizitätsstation 130 Kilometer von
Moskau entfernt eröffnet - die Schatura Station. Dies ist eine
große technische Errungenschaft. Die Schatura Station ist auf
Torf, auf einem Sumpf gebaut. Es gibt eine beträchtliche Anzahl von Sümpfen in unserem Land, und wenn wir lernen, die
latente Energie unserer Sümpfe in die bewegende Energie der
Elektrizität zu verwandeln, wird dies eine wohltuende Auswirkung sowohl auf die Mütter wie auch auf die Kinder haben.
(Applaus). Die Feier zu Ehren der Erbauer dieser Station gab
uns zur selben Zeit ein klares Bild von unserer ganzen Kultur
mit all ihren Widersprüchen. Wir brachen von Moskau aus auf.
Was ist Moskau? Delegierte aus der Provinz, die zum ersten
Mal in Moskau sind, können sehen, daß Moskau das Zentrum
unserer Sowjetunion ist, ein Weltzentrum der Ideen, die die
Arbeiterklasse führen. Schatura (etwas mehr als 100 Wersts
von Moskau) ist eine große technische Errungenschaft; es ist
in der Größe und in der Konstruktion die einzige Torf-Station auf der Welt.

Zwischen Schatura (5) und Moskau schauten wir aus den Fenstern
des Zuges. Wald, schlummernd und unpassierbar, wie er im
siebzehnten Jahrhundert war. Und Dörfer, hier und da verstreut, fast dieselben wie im siebzehnten Jahrhundert.
Natürlich hat die Revolution die Kultur in diesen Dörfern
gehoben, besonders bei Moskau, aber wie viele Zeichen des
Mittelalters, der erschreckenden Rückständigkeit, vor allem
in der Frage der Mütter und Kinder gibt es noch.

Ja, Ihr habt große Siege zum ersten Mal in den Dörfern gewonnen, für die jeder bewußte Bürger unserer Union Euch beglückwünschen kann. Aber Eure Thesen verbergen auf keinen Fall,
wieviel jahrhundertalte Dunkelheit es noch in jedem Dorf
gibt - sogar auf der Strecke zwischen Moskau und Schatura.
Die Dörfer müssen dazu gebracht werden, Moskau und Schatura
einzuholen, denn Schatura ist technisch fortgeschritten.
Hier können wir uns wieder der Worte V. I. Lenins erinnern,
daß der Sozialismus Sowjetmacht plus Elektrifizierung ist.

Das Leben weiterzubringen, so daß es nicht hinter der technischen Entwicklung hinterherhinkt, ist eine sehr wichtige
Aufgabe für Euch, denn das tägliche Leben ist gefährlich

konservativ, unvergleichlich konservativer als die Technologie. Für die Bäuerin und den Bauern, die Arbeiterin und den Arbeiter gibt es keine Modelle aus erster Hand des Neuen, die sie durch die Kraft des Beispiels anziehen würde, und es gibt keine zwingende Notwendigkeit für sie, solchen Modellen zu folgen. Was die Technologie betrifft, sagt Amerika zu uns: "Baut Schatura, oder wir werden euren Sozialismus vernichten, mit Knochen und allem, und keine Spur hinterlassen". Aber das Alltagsleben scheint von einer Wand geschützt worden zu sein; es spürt diese Schläge nicht direkt, und deshalb ist hier die Initiative der Sozialarbeit besonders nötig.

Ich habe schon erwähnt, daß ich aus den Thesen herausgefunden habe, was für ein großer Beginn von Euch in der Durchdringung des Landes gemacht worden ist. Hier in den Thesen von E. A. Feder gibt es ein Anzeichen nicht nur des kolossalen Bedürfnisses für Kindergärten, sondern auch der enormen Antwort aus der Bauernschaft, d. h., ein bewußtes Streben, diese Kindergärten auf dem Land zu haben. Aber vor nicht langer Zeit - 1918-19 - gab es großes Mißtrauen gegen sie sogar in den Städten. Auch dies ist ohne Zweifel ein großer Sieg, wenn die neue gesellschaftliche Ordnung schon die Bauernfamilie in dieser Frage erreicht hat. Denn auch die Bauernfamilie wird langsam umgestaltet. Ich würde mich gern länger darüber auslassen, denn sogar hier können in der Presse Stimmen gehört werden, die vorschlagen, daß wir in Fragen der Familie die schlimmsten bäuerlichen Vorurteile nachahmen sollten, und daß dies aus der "smytschka"(6) folgt. In der Tat besteht unsere Aufgabe, auszugehen von dem, was in den Dörfern existiert - und es existieren Rückständigkeit und Vorurteile und Dunkelheit, die nicht mit einem Federstrich ausgeräumt werden können -, um die "smytschka" zu finden, um den Ausgangspunkt zu finden, an den wir anknüpfen können und von dem aus wir die Bauernfamilie geschickt vorwärts auf den Weg zu den ersten Stadien des Sozialismus stoßen können, aber bestimmt nicht, um die existierenden Konzeptionen und Traditionen passiv nachzuahmen, die auf Sklaverei aufgebaut sind.

Was ist unsere alte Kultur im Bereich der Familie und des täglichen Lebens? Adel, der - auf der Grundlage von Finsternis und fehlender Kultur - allem gesellschaftlichen Leben den Stempel der Vulgarität aufprägte. Und wenn unser Proletariat, das aus der Bauernschaft entstand, in einem einzigen Sprung von etwa 30 bis 50 Jahren das europäische Proletariat einholte und dann auf dem Feld des Klassenkampfes und der revolutionären Politik überholte, dann gibt es noch, auch in dem Proletariat, mehr als genug von den verfaulten alten Überbleibseln der Knechtschaft auf dem Gebiet der persönlichen Moral, der Familie und des Alltagslebens. Und in der intellektuellen oder in der kleinbürgerlichen Familie kann man noch soviel, wie man will, von der echten gegenwärtigen Knechtschaft finden. Ihr sollttet euch nicht die utopische Aufgabe setzen, die alte Familie durch eine Art von rechtlichen Maßnahmen zu überwinden - Ihr würdet auf euer Gesicht fallen und euch im Angesicht der Bauernschaft kompromittieren -, sondern handelt innerhalb der schon gesicherten Bedingungen der gesellschaftlichen Entwicklung, entlang der gesetzlichen Linie, um so die Familie zur Zukunft zu führen. Ich beabsichtige nicht, im Augenblick über das beabsichtigte Ehegesetz zu sprechen, das gerade diskutiert wird, und über das ich mir das Recht zu sprechen vorbehalte. Ich nehme an, daß Eure Organisation auch den angemessenen Platz im Kampf für ein richtiges Ehegesetz einnehmen wird.

Ich möchte nur ein Argument, das mich bedrückt, erwähnen. Das Argument lautet etwa folgendermaßen: Wie kann man der "unverheirateten" Mutter, d. h., der Mutter, die nicht registriert ist, dieselben Rechte geben wie einer "verheirateten" Mutter? Sicher bedeutet das, einer Frau die Art von Beziehungen aufzuzwingen, die sie nicht angenommen haben würde, wenn ihr das Gesetz diese Rechte verweigerte?

Genossen, dies ist so monströs, daß es einen wundert: Sind wir wirklich in einer Gesellschaft, die sich in eine sozialistische verwandelt, d. h. in Moskau oder Schatura, und nicht irgendwo zwischen Moskau oder Schatura im schlummernden Wald? Hier ist das Verhältnis zur Frau nicht nur nicht kommunistisch, sondern reaktionär und philisterhaft in der schlimmsten Bedeutung dieses Wortes. Wer könnte denken, daß die Rechte der Frau, die die Konsequenzen jeder Heirat zu tragen hat, wie vorübergehend sie auch sei, zu eifrig in unserem Lande geschützt würden? Ich denke, es ist nicht nötig, die ganze Ungeheuerlichkeit dieser Art, die Frage zu stellen, zu demonstrieren. Aber es ist symptomatisch und legt Zeugnis davon ab, daß es in unseren traditionellen Ansichten, Vorstellungen und Gewohnheiten viel gibt, das wirklich dumm ist und das mit einem Sturmblock zerstört werden muß.

Für Mütter und Kinder zu kämpfen, heißt bei unseren gegenwärtigen Bedingungen, besonders gegen den Alkoholismus zu kämpfen. Ich habe unglücklicherweise hier keine Thesen über den Alkoholismus bemerkt. (Stimme: Es gibt keine.) Entschuldigt mich, ich kam zu spät und kann nicht vorschlagen, daß dieser Punkt auf die Tagesordnung gesetzt wird, aber ich bitte, daß diese Frage auf die Tagesordnung Eures nächsten Kongresses gesetzt wird und, was wichtiger ist, in Eure gegenwärtige Arbeit eingefügt wird.

Man kann nicht für eine verbesserte Lage von Mutter und Kind kämpfen, ohne auf breiter Front den Alkoholismus zu bekämpfen. In den Thesen wird ganz richtig gesagt, daß unregelmässige sexuelle Beziehungen nicht willkürlich durch papierene Bestimmungen beizukommen ist und daß eine einflußreiche gesellschaftliche Meinung gegen häufiges Scheiden nötig is t, usw. Das ist richtig. Aber, Genossen, in der Einschätzung sexueller Beziehungen als frivol muß in vielen Fällen gesagt werden: Es gibt keine größere Drohung als solche sexuellen Beziehungen, die unter dem Einfluß des Alkoholismus, der Trunkenheit geformt werden und die sehr oft in einer wenig gebildeten Umgebung auftreten. Es ist Eure Organisation, die meiner Meinung nach die Initiative übernehmen sollte im Kampf gegen Trunkenheit.

Wenn wir die Frage des Schicksals der Mutter und des Kindes in eine Reihe von Fragen aufteilen, und besonders den Kampf gegen Trunkenheit aussuchen, dann werden wir klar erkennen, daß die Hauptform des Kampfes für größere Stabilität und

Rationalität in den Familienverbindungen und -beziehungen darin besteht, das Niveau der menschlichen Persönlichkeit zu heben. Abstrakte Propaganda und Predigten werden nichts helfen. Gesetzgebung im Sinne des Schutzes der Mutter in den schwierigsten Perioden ihres Lebens und des Schutzes des Kindes sind absolut notwendig, und wenn wir bis zum äußersten in der Gesetzgebung gehen, dann wird es natürlich nicht zugunsten des Vaters, sonder zugunsten der Mutter und des Kindes sein, denn die Rechte der Mutter, wie sie auch juristisch festgelegt sein mögen, werden in der Wirklichkeit - durch die Kraft der Moral, Gewohnheiten und durch die Rolle der Mutter selbst - unzulänglich geschützt, bis wir den entwickelten Sozialismus erreichen, und noch weiter bis zum Kommunismus. Es ist deshalb nötig, so viel wie möglich juristische Unterstützung Mutter und Kind zu geben, den Kampf verschiedene Wege entlang zu führen, eingeschlossen gegen den Alkoholismus. In der nächsten Zukunft wird dies nicht der kleinste Teil unserer Arbeit sein.

Aber die Hauptaufgabe, ich wiederhole, ist die Hebung der menschlichen Persönlichkeit. Je höher ein Mensch geistig steht, gemessen an der Natur seiner Interessen, desto mehr wird er von sich und seinen Freunden verlangen: Je wechselseitiger die Forderungen sind, desto stärker ist die Verbindung, desto schwieriger ist es, sie zu brechen. D.h., daß die Hauptaufgabe gelöst wird in allen Gebieten unserer sozialen Arbeit durch die Entwickelung der Industrie, der Landwirtschaft, Wohlfahrt, Kultur, Aufklärung. All dies führt nicht zu chaotischen Beziehungen, sondern im Gegenteil zu stabileren, die schließlich keine gesetzliche Regulierung brauchen werden.

Um zur Arbeit auf dem Land zurückzukommen. Ich denke, daß hier die landwirtschaftlichen Kommunen nicht bemerkt werden. (Stimme: Sie werden erwähnt.) Entschuldigt mich, ich habe sie übersehen. Vor kurzem besichtigte ich zwei große landwirtschaftliche Kommunen, eine in der Saporosch-Region in der Ukraine, die andere in der Tersk-Region im nördlichen Kaukasus. Natürlich ist das nicht das "Schatura" unseres Alltagslebens, d. h., man kann nicht sagen, daß für die neue Art zu leben stehen, wie Schatura für die Technologie steht, aber es gibt Spuren hier, besonders wenn man sie vergleicht mit dem, was alles um sie herum auf dem Land liegt. In der Kommune gibt es Kindertagesstätten als eine reguläre Institution, die auf der gemeinsamen Arbeit beruht, als ein konstituierender Teil der Großfamilie. Es gibt einen Raum für Mädchen und einen Raum für Jungen. In Saporosch, wo ein Künstler Mitglied der Kommune war, sind die Wände der Räume der Kinder mit Malereien geschmückt. Es gibt eine gemeinsame Küche, einen gemeinsamen Speiseraum und eine Bücherei. Dies ist wirklich das Königreich eines kleinen Kindes in einem speziell abgetrennten Flügel des gemeinsamen Hauses. Dies ist ein großer Schritt vorwärts im Vergleich zu der Bauernfamilie. Eine Frau in der Kommune kann sich wirklich als menschliches Wesen fühlen.

Natürlich, Genossen, ich merke, daß erstens dies eine kleine Oase ist und es zweitens noch nicht bewiesen ist, daß diese Oase ihre eigene Ausdehnung verwirklicht, denn die Arbeitsproduktivität in diesen Kommunen ist noch längst nicht gesichert. Aber allgemein gesprochen, jede gesellschaftliche

Form, jede Zelle wird lebensfähig sein, wenn die Arbeitsproduktivität in ihr wächst und nicht auf demselben Stand bleibt oder fällt. Den Sozialismus aufzubauen, das Schicksal von Mutter und Kind zu sichern, ist nur auf der Basis des Wachstums der Wirtschaft möglich - auf der Basis des Verfalls und der Armut ist es nur möglich, zur mittelalterlichen Barbarei zurückzukehren. Aber die neuen Möglichkeiten haben sich unzweifelhaft bei den landwirtschaftlichen Kommunen gezeigt, und sie sind besonders wertvoll jetzt, wo die Entwicklung der Warenproduktion auf dem Lande im gewissen Grade zu Formen kapitalistischer Schichtung zwischen Kulaken und armen Bauern führt.

Wie viel lieber sind uns alle Formen der Kooperation auf dem Land, alle kollektive Formen der Lösung ökonomischer, häuslicher, kultureller oder familiärer Probleme. Die Tatsache, daß das Land, wie in den Thesen gesagt wird, für die Kindertagesstätten Unterstützung zeigt, die bis jetzt nicht existierte, und daß diese Unterstützung von den Familien der armen Bauern ausging und auf die Familien der mittleren Bauern überging, ist eine Tatsache von außerordentlicher Bedeutng, wenn wir zusammen damit kleine "Schaturas" der Produktion und des familiären und häuslichen Lebens haben, d. h., landwirtschaftliche Kommunen, die, wie mir scheint, in Eure besondere Fürsorge aufgenommen werden müssen, vom Standpunkt ihrer Familien und der häuslichen Strukturen und der Stellung der Mütter und Kinder in ihnen.

Ich war sehr interessiert am Verhalten der Bauernschaft gegenüber der Kommune "kommunistischer Leuchtturm". Leuchtturm ist ein sehr bezeichnendes Wort. Ein Leuchtturm ist etwas, was den Weg zeigt, was für alle aus der Ferne scheint. Wir gaben 1918 einer ganzen Anzahl solche Namen, aber bei wie vielen von ihnen stellte sich heraus, daß sie zufällige, ungegründete, manchmal leichtsinnige "Leuchttürme" waren, viele von ihnen sind ausgegangen! Und deshalb war es sehr wichtig, diesen Namen zu untersuchen und zu sehen, in welchem Ausmaße er gerechtfertigt war. Und es muß gesagt werden, daß, obwohl dieser "Leuchtturm" in einer Region scheint, die hauptsächlich aus Kosaken und teilweise aus religiösen Sekten, Baptisten usw. besteht - und das sind alles sehr konservative Elemente -,die alte Feindschaft zu den Kommunen sich nicht zeigte. Das heißt, sie existiert unzweifelhaft unter den Kulaken, aber da diese Kommune auf eine mehr oder weniger freundliche Art arbeitet, da diese Kommune drei Traktoren hat, die unter günstigen Bedingungen der ganze Distrikt genauso benutzt, gewöhnt sie durch diese "smytschka" sogar die umwohnenden Kosaken an die neuen Formen der Familie und des Hauslebens, und die alte Feindschaft ist verschwunden. Dies ist ein wirklicher Gewinn.

Einige Genossen haben mir gesagt, daß in einigen Sowjet-Kreisen die Auffassung auftaucht, daß die landwirtschaftliche Kommune fehl am Platz sei, ihrer Zeit voraus sei; daß sie eine Vorwegnahme der Zukunft sei. Das ist nicht wahr. Die Kommune ist eine der Keimzellen der Zukunft. Natürlich wird die Hauptarbeit der Vorbereitung in grundlegenderen Punkten ausgeführt: die Entwickelung der Industrie, die dem Lande die technische Basis für die industrialisierte Landwirtschaft liefert; und eine kooperative Form der Verteilung der ökonomischen Güter, ohne die es unmöglich ist, die mittleren Bauern zum Sozialismus zu führen. Aber zusammen damit gibt es, lebende Modelle der neuen ökonomischen Formen und der neuen Familien und des häuslichen Verhaltens auf dem Lande zu haben, solche Familien"schaturas" zu haben, auch den Morgen von unten vorzubereiten, indem man ein neues Verhalten gegenüber der Frau und dem Kind entwickelt.

Wir Marxisten sagen, daß der Wert einer gesellschaftlichen Struktur durch die Entwicklung der Produktivkräfte bestimmt wird. Dies ist unbezweifelbar. Aber es ist auch möglich, an das Problem vom anderen Ende heranzukommen. Die Entwicklung der Produktivkräfte wird nicht für ihren eigenen Zweck gebraucht. In der letzten Analyse wird die Entwicklung der Produktivkräfte gebraucht, weil sie die Basis für eine neue menschliche Persönlichkeit schafft, bewußt, ohne einen Herren über sich auf der Erde, ohne imaginären Herren, aus der Furcht geboren, im Himmel zu fürchten - eine menschliche Persönlichkeit, die in sich das beste, was von dem Denken und der Schaffenskraft vergangener Jahrhunderte geschaffen wurde, aufnimmt, die in der Solidarität mit allen anderen voranschreitet, die neue kulturelle Werte, eine neues persönliches und familiäres Verhalten schafft, höher und vornehmer als jene, die auf der Basis der Klassensklaverei geboren wurden. Die Entwicklung der Produktivkräfte ist wertvoll für uns als die materielle Voraussetzung einer höheren menschlichen Persönlichkeit, nicht in sich zurückgezogen, sondern kooperativ, assoziativ.

Von diesem Standpunkt aus kann gesagt werden, daß es wahrscheinlich für viele Jahrzehnte möglich ist, eine menschliche Gesellschaft durch das Verhalten gegenüber der Frau, gegenüber der Mutter und gegenüber dem Kind einzuschätzen - und dies ist nicht nur für die Einschätzung der Gesellschaft, sondern auch für die der einzelnen Personen wahr. Die menschliche Psyche entwickelt sich nicht gleichzeitig in allen ihren Teilen. Wir leben in einem politischen Zeitalter, einem revolutionären Zeitalter, in dem Arbeiterinnen und Arbeiter sich selbst im Kampf entwickeln, und sich vor allem auf revolutionärem politischem Wege entwickeln. Und jene Zellen des Bewußtseins, in denen Anschauungen über die Familie und die Traditionen sitzen, und das Verhalten eines Menschen zu einem anderen, zur Frau, zum Kind usw. - diese Zellen bleiben oft in der alten Form. Die Revolution hat sie noch nicht verändert. Die Zellen im Gehirn, in denen politische und gesellschaftliche Anschauungen sitzen, werden in unserer Zeit viel schneller und schärfer bearbeitet, dank der ganzen Struktur der Gesellschaft und dank der Epoche, in der wir leben. (Natürlich ist dies nur eine Analogie - im Gehirn arbeitet der Prozeß anders.) Und deshalb werden wir für eine lange Zeit beobachten können, daß wir eine neue Industrie, eine neue Gesellschaft aufbauen, aber auf dem Feld der persönlichen Beziehungen verbleibt noch vieles aus dem Mittelalter. Und deshalb ist eins der Kriterien für die Einschätzung unserer Kultur, und ein Standard für die einzelnen Proletarier und Proletarierinnen, für die fortschrittlichen Bauern, das Verhalten gegenüber der Frau und das Verhalten gegenüber dem Kind.

Vladimir Iljitsch lehrte uns, die Arbeiterparteien nach ihrem Verhalten, im allgemeinen und im besonderen, zu den unterdrückten Nationen, zu den Kolonien einzuschätzen. Warum? Weil, wenn man beispielsweise den englischen Arbeiter nimmt, es viel leichter ist, in ihm das Gefühl der Solidarität mit seiner **ganzen** Klasse zu wecken - er wird an Streiks teilnehmen und wird sogar zur Revolution kommen -, als ihn zur Solidarität mit einem gelbhäutigen chinesischen Kuli zu bringen, als ihn dazu zu bringen, ihn als einen Klassengenossen zu behandeln; das ist schwieriger, denn hier ist es nötig, durch eine Wand von Chauvinismus durchzubrechen, die in Jahrhunderten errichtet wurde.

Und genau so, Genossen, ist diese Wand von Familienvorurteilen, im Verhalten des Familienoberhauptes gegenüber der Frau und dem Kind - und die Frau ist der Kuli der Familie -; diese Wand ist über Jahrtausende, nicht Jahrhunderte aufgebaut worden. Und so seid Ihr - müßt Ihr sein - der moralische Rammbock, mit dem diese Wand des Konservatismus, die in unserer alten asiatischen Natur, in der Sklaverei, in der Knechtschaft, in bürgerlichen Vorurteilen und in den Vorurteilen selbst der Arbeiter, wurzelt, die aus den schlimmsten Seiten der bäuerlichen Traditionen hervorgekommen sind, durchbrochen wird. Insoweit Ihr diese Wand zerstören werdet, wie ein Rammbock in der Hand der sozialistischen Gesellschaft, die aufgebaut wird, ist jeder bewußte Revolutionär, jeder Kommunist, jeder fortschrittliche Bauer und Arbeiter verpflichtet, Euch mit all seiner Kraft zu unterstützen. Ich wünsche Euch großen Erfolg, Genossen, und vor allem wünsche ich Euch mehr Aufmerksamkeit unserer öffentlichen Meinung. Eure Arbeit, die wirklich reinigend ist, wirklich gesund ist, muß in das Zentrum der Aufmerksamkeit unserer Presse gestellt werden, so daß sie unterstützt werden kann von allen progressiven Elementen im Land, und Euch kann geholfen werden, Erfolge im Aufbau unseres Lebens und unserer Kultur zu erzielen (Heftiger Applaus).

Dieser Artikel erschien zum ersten Mal im Dezember 1925 in
"Za Novyi".

Den Sozialismus aufbauen, heißt die Frauen emanzipieren und die Mütter schützen

Unser Fortschritt kann am genauesten anhand jener praktischen Maßnahmen gemessen werden, die wir zur Verbesserung der Lage von Mutter und Kind durchführen. Dieser Index ist sehr zuverlässig und untrügerisch. Er zeigt gleichermaßen die materiellen Errungenschaften wie die kulturellen Fortschritte im weiteren Sinne auf. Wie uns die historische Erfahrung zeigt, ist selbst das gegen seine Unterdrücker kämpfende Proletariat noch weit davon entfernt, der unterdrückten Stellung der Frau als Hausfrau, Mutter und Ehefrau die notwendige Aufmerksamkeit zu gewähren. So stark ist noch die schreckliche Kraft der Gewöhnung an die Versklavung der Frau in der Familie! Und was die Bauernschaft angeht, so wird über diesen Punkt nicht einmal gesprochen. Das Los der Bauersfrauen, und nicht nur in den armen, sondern sogar in den mittleren Familien, kann mit seiner Last und Hoffnungslosigkeit heutzutage wohl nicht einmal mit der schlimmsten Zuchthausstrafe verglichen werden. Keine Erholung, kein Urlaub, kein Hoffnungsschimmer! Nur allmählich erreicht unsere Revolution die Grundlagen der Familie, und gegenwärtig auch erst in den Städten in Industriegebieten, während sie nur sehr langsam auf das Land vordringt. Und gerade hier sind die Probleme zahllos.

Die Stellung der Frau kann an ihren Wurzeln nur verändert werden, wenn in den gesamten Bedingungen der gesellschaftlichen, familiären und häuslichen Existenz ein Wandel erfolgt. Wie grundlegend die Frage der Mutter ist, kommt in dem Umstand zum Ausdruck, daß sie in ihrem Wesen einen lebenden Punkt darstellt, an dem sich alle entscheidenden Stränge ökonomischer und kultureller Arbeit kreuzen. Vor allem anderen ist die Frage der Mutterschaft eine Frage des Wohnraumes, fließenden Wassers, einer Küche, eines Waschraums, eines Eßraums. Aber ebenso sehr geht es hierbei um die Schule, Bücher, einen Platz zur Erholung. In gnadenlosester Form trifft die Trunksucht die Hausfrau und die Mutter; kaum weniger die Unwissenheit und Arbeitslosigkeit. Fließendes Wasser und Elekrizität in den Wohnungen erleichtern die Last der Frauen vor allem anderen. Die Mutterschaft ist die Kernfrage aller andern Fragen. Hier treffen sich alle Stränge, und von hier weisen sie in alle Richtungen.

Das unzweifelhafte Anwachsen der amteriellen Versorgung in unserem Lande ermöglicht es - und erfordert es daher -, uns der Lage von Mutter und Kind unvergleichlich breiter und tiefer als früher zu widmen. Das Maß an Energie, das wir in dieses Feld investieren, wird zeigen, wieweit wir gelernt haben, die entscheidenden Punkte in den Grundfragen unseres Lebens miteinader zu verknüpfen.

Wie wir den Sowjetstaat nicht errichten konnten, ohne die Bauernschaft aus den Fesseln der Leibeigenschaft zu befreien, so werden wir den Sozialismus nicht erreichen, wenn wir nicht die Bauersfrauen und die Arbeiterfrauen aus der Gefangenschaft in der Familie und im Haushalt befreien. Und wenn wir die Reife

eines revolutionären Arbeiters nicht allein aufgrund seiner
Haltung gegenüber dem Kapitalisten, sondern ebenfalls anhand
seiner Haltung zum Bauern, d.h.seines Verständnisses für die
Notwendigkeit, den Bauern aus der Knechtschaft zu befreien, be-
urteilt haben, - so können und müssen wir jetzt die soziali-

stische Reife des Arbeiters un d des fortschrittlichen Bauern
anhand ihrer Haltung zu Frau und Kind messen, ihres Verständnisses für die Notwendigkeit, die Mutter aus den Fesseln der Gefangenschaft zu befreien, ihr die Möglichkeit zu geben, sich auf-
zurichten und sich am gesellschaftlichen und kulturellen Leben
zu beteiligen, wie es von ihre erwartet wird.

Die Mutterschaft steht im Mittelpunkt aller Probleme.Deshalb
müssen alle neuen Maßnahmen, jedes Gestz, jeder praktische
Schritt im ökonomischen und gesellschaftlichen Aufbau auch unter
der Fragestellung geprüft werden, wie sie auf die Familie ein-
wirken, ob sie das Los der Mutter verschlimmern oder erleichtern
und ob sie die Stellung des Kindes verbessern.

Daß wir noch immer nach allen Seiten hin in den Stricken der
alten Gesellschaft gefangen sind, die sich in der Epoche ihres
Niedergangs in der bösartigsten Weise noch Geltung verschafft,
- dafür ist die große Zahl heimatloser Kinder in unseren Städten
das erschreckende Zeugnis. Die Stellung der Mutter und des Kindes war noch nie so schwierig wie in den Jahren des Übergangs
von der alten zur neuen Gesellschaft, insbesondere in den Jahren
des Bürgerkriegs. Die Intervention der Clemenceau und Churchill
und Koltschak, der Denikin und Wrangel und Konsorten(7) traf die
Arbeiterfrauen,die Bauersfrauen und die Mütter mit den grau-
samsten Schlägen und hinterließ uns ein nie dagewesenes Erbe
heimatloser Kinder. Das Kind kommt von der Mutter, und die Heimatlosigkeit des Kindes ist vor allem die Folge mütterlicher
Heimatlosigkeit. Sorge für die Mutter ist der wahre und grundlegende Weg, um das Los des Kindes zu verbessern.
Das allgemeine wirtschaftliche Wachstum schafft die Bedingungen
für eine allmähliche Rekonstruktion des familiären und häuslichen Lebens. Alle Fragen, die damit zusammenhängen, müssen in
ihrer vollen Bedeutung gestellt werden. Wir arbeiten aus ver-
schiedenen Richtungen auf die Erneuerung des Grundkapitals des
Landes hin;wir schaffen neue Maschinen an,um die alten zu ersetzen; wir errichten neue Fabriken; wir erneuern unsere Eisen-
bahn; der Bauer erhält Pflüge,Sämaschinen,Traktoren. Aber das
grundlegende "Kapital" ist das Volk,d.h. seine Kraft, seine Ge-
sundheit, sein kulturelles Niveau. Dieses Kapital hat eine Erneuerung noch viel eher nötig als die Fabriken oder die landwirtschaftliche Ausrüstung. Wir dürfen nicht glauben, daß die
Zeitalter der Sklaverei, des Hungers und der Gefangenschaft,die
Jahre des Kriegs und der Epidemien ohne Spuren an den Menschen
vorübergegangen seien. Sie haben am lebendigen Organismus des
Volkes Wunden und Narben hinterlassen. Tuberkulose,Syphilis,
Neurasthemie,Alkoholismus - alle diese Krankheiten und noch viele
mehr sind unter den Massen der Bevölkerung weit verbreitet. Die
Nation muß davon genesen; sonst ist der Sozialismus undenkbar.
Wir müssen an die Wurzeln, die Quellen herankommen. Und worin
liegt die Quelle der Nation, wenn nicht in der Mutter?Der Kampf
gegen die Vernachlässigung der Mütter muß Vorrang erhalten! Der
Bau von Häusern, die Schaffung von Erleichterungen bei der
Kinderpflege, von Kindergärten, kommunalen Kantinen und
Wäschereien muß in den Mittelpunkt unserer Aufmerksamkeit ge-

stellt werden, und diese Aufmerksamkeit muß wach und gut organisiert sein. Die Frage der Qualität entscheidet hier alles. Erleichterungen bei der Kinderpflege, beim Essen und Waschen müssen in solcher Weise verwirklicht werden, daß sie Kraft der Vorteile, die sie bieten, der alten, abgeschlossenen und isolierten Familieneinheit, die vollständig auf den gekrümmten Schultern der Hausfrau und Mutter lastete, den Todesstoß versetzen können. Die Verbesserung der Umwelt ruft unvermeidlich eine Flut von Bedürfnissen hervor und stellt eine Fülle von Mitteln bereit. Die Versorgung der Kinder in öffentlichen Einrichtungen, ebenso wie das Essen der Erwachsenen in kommunalen Kantinen, ist billiger als in der Familie. Aber die Verlagerung der materiellen Mittel von der Familie zu den Versorgungszentren für Kinder und den Kantinen wird nur dann stattfinden, wenn die gesellschaftliche Organisation es lernt, die vorrangigen Bedürfnisse besser als die Familie zu befriedigen. Besondere Aufmerksamkeit muß jetzt auf die Frage der Qualität gerichtet werden. Aufmerksame gesellschaftliche Kontrolle und ständiger Nachdruck gegenüber allen Organen und Institutionen, die den familiären und häuslichen Bedürfnissen der arbeitenden Massen dienen, sind unbedingt erforderlich.

Die Initiatoren des großen Kampfes für die Befreiung der Mütter müssen selbstverständlich die fortgeschrittenen Arbeiterfrauen sein. Um jeden Preis muß sich diese Bewegung dem Dorf zuwenden. Und auch unser städtisches Leben trägt noch viele kleinbürgerliche-bäuerliche Züge. Viele Arbeiter nehmen den Arbeiterfrauen gegenüber noch immer keine sozialistische, sondern eine konservative, bäuerliche, ihrem Wesen nach mittelalterliche Haltung ein. Das führt dazu, daß die bäuerliche Mutter, die durch das Joch der Familie unterdrückt wird, die proletarische Mutter mit sich hinabzieht. Aber die Bauersfrau muß emporgehoben werden. In ihr muß der Wunsch erweckt werden, sich selbst zu erheben, d.h. sie muß erweckt und ihr muß der Weg gewiesen werden.

Es ist unmöglich voranzuschreiten, während die Frau im Nachtrab zurückbleibt. Die Frau ist die Mutter der Nation. Aus der Versklavung der Frauen erwachsen Vorurteile und Aberglaube, die die Kinder der neuen Generation einhüllen und tief in alle Poren des nationalen Bewußtseins eindringen. Der beste und gründlichste Weg des Kampfes gegen den Aberglauben der Religion ist der Weg allseitiger Sorge für die Mutter. Sie muß emporgehoben und aufgeklärt werden. Die Mutter begreifen heißt: die letzte Nabelschnur kappen, die das Volk noch immer mit der finsteren und abergläubischen Vergangenheit verbindet.

Auszug aus der "Verratenen Revolution"

Thermidor in der Familie (8)

Die Oktoberrevolution tat der Frau gegenüber ehrlich ihre Pflicht. Die junge Macht gab ihr nicht nur dieselben politischen und juristischen Rechte wie dem Mann, sondern, was noch wichtiger ist, tat alles was sie konnte und jedenfalls unvergleichlich mehr als irgendein anderer Staat, um ihr wirklich zu allen Zweigen der Wirtschafts- und Kulturarbeit Zutritt zu verschaffen. Jedoch selbst die kühnste Revolution könnte ebensowenig wie das "allmächtige" britische Parlament die Frau in einen Mann verwandeln oder besser gesagt die Last der Schwangerschaft, des Gebärens, Säugens und der Kindererziehung zu gleichen Teilen zwischen beiden verteilen. Die Revolution machte einen heroischen Versuch, den sogenannten "Familienherd" zu zerstören, d. h. jene archaische, muffige und starre Einrichtung, in der die Frau der werktätigen Klassen von der Kindheit bis zum Tode wahre Zwangsarbeit leisten muß. An die Stelle der Familie als geschlossenem Kleinbetrieb sollte, so war es gedacht, ein vollendetes System der öffentlichen Pflegen und Dienste treten: Entbindungsanstalten, Krippen, Kindergärten, Schulen, öffentliche Speisehäuser, öffentliche Waschanstalten, Kliniken, Krankenhäuser, Sanatorien, Sportvereine, Kinos, Theater, usw. Die völlige Aufsaugung der wirtschaftlichen Funktionen der Familie durch Einrichtungen der sozialistischen Gesellschaft, die die gesamte Generation in Solidarität und gegenseitigem Beistand eint, sollte der Frau und dadurch auch dem Ehepaar wirkliche Befreiung aus den tausendjährigen Fesseln bringen. Solange diese Aufgabe der Aufgaben nicht gelöst ist, bleiben 40 Millionen Sowjetfamilien in ihrer erdrückenden Mehrheit Brutstätten einer mittelalterlichen Daseinsweise, weiblicher Knechtschaft und Hysterie, täglicher Demütigung der Kinder, weiblichen und kindlichen Aberglaubens. Keinerlei Illusion kann in dieser Beziehung gestattet sein. Eben darum sind die aufeinandergefolgten Abänderungen an der Einstellung zur Familie in der USSR bezeichnend für das Wesen der Sowjetgesellschaft und die Evolution ihrer herrschenden Schicht.

Es ist nicht gelungen, die alte Familie im Sturm zu nehmen. Nicht weil es am guten Willen gefehlt hätte. Auch nicht weil die Familie so fest in den Herzen wurzelte. Im Gegenteil, nach einer kurzen Periode des Mißtrauens gegen den Staat, zu seinen Krippen, Kindergärten und ähnlichen Anstalten wußten die Arbeiterinnen und nach ihnen auch die fortgeschrittenen Bäuerinnen die unermeßlichen Vorzüge der kollektiven Kinderpflege wie der Vergesellschaftung der gesamten Familienwirtschaft wohl zu schätzen. Leider erwies sich die Gesellschaft als zu arm und zu unkultiviert. Den Plänen und Absichten der kommunistischen Partei entsprachen die realen Mittel des Staates nicht. Man kann die Familie nicht "abschaffen", man muß sie ersetzen. Eine wirkliche Befreiung der Frau ist auf dem Fundament der "verallgemeinerten Not" nicht zu verwirklichen. Die Erfahrung veranschaulichte bald diese bittere Wahrheit, die Marx 80 Jahre zuvor formuliert hatte.

In den Hungerjahren ernährten sich die Arbeiter, zum Teil auch ihre Familien, überall wo sie konnten in Fabriks- und anderen Gemeinschaftsrestaurants, und diese Tatsache wurde offiziell als ein Übergang zu sozialistischen Lebensformen betrachtet. Es ist nicht erforderlich, nochmals bei den Besonderheiten der einzelnen Perioden zu verweilen: dem Kriegskommunismus, der Nep, dem ersten Fünfjahrplan(9). Tatsache ist, daß seit der Abschaffung des Kartensystems im Jahre 1935 alle besser gestellten Arbeiter an den häuslichen Tisch zurückzukehren begannen. Es wäre jedoch falsch, diesen Rückschritt als eine Verurteilung des sozialistischen Systems zu werten, das ja überhaupt noch nicht erprobt worden war. Ein umso vernichtenderes Urteil fällten die Arbeiter und ihre Frauen über die von der Bürokratie organisierte "gesellschaftliche Ernährung". Denselben Schluß muß man auch auf die öffentlichen Waschanstalten ausdehnen, wo die Wäsche mehr gestohlen und verdorben als gewaschen wird. Zurück zum Familienherd! Aber Küche und Wäsche zuhause, was heute von den Rednern und Journalisten halb verschämt gepriesen wird, bedeutet für die Arbeiterfrauen ein Zurück an die Töpfe und Tröge, d. h. zur alten Sklaverei. Kaum klingt die Resolution der Komintern über den "vollständigen und unwiderruflichen Sieg des Sozialismus in der USSR" sehr überzeugend für die Hausfrauen der Vorstädte!

Die Bauernfamilie, die nicht nur durch die Haus- sondern auch durch die Ackerwirtschaft gebunden ist, ist noch viel zäher und konservativer als die der Städter. Nur an Zahl kleine und in der Regel ungesunde landwirtschaftliche Gemeinden führten bei sich in der ersten Periode die Gemeinschaftsernährung und Krippen ein. Die Kollektivisierung sollte, wie es anfangs hieß, eine entscheidende Umwälzung auch auf dem Gebiet der Familie bringen: nicht von ungefähr expropriierte man bei den Bauern nicht nur die Kühe, sondern auch die Hühner. An Meldungen über den Triumphzug der Gemeinschaftsernährung auf dem Lande war jedenfalls kein Mangel. Als aber der Rückzug begann, kam unter dem Schaum der Prahlerei sogleich die Wirklichkeit zum Vorschein. Vom Kolchos erhält der Bauer in der Regel nur Brot für sich und Futter fürs Vieh. Fleisch, Milchprodukte und Gemüse werden fast ausschließlich von der eigenen Parzelle bezogen. Wo aber die hauptsächlichen Lebensmittel durch die isolierten Arbeitsleistungen der Familie beschafft werden, kann von Gemeinschaftsernährung nicht die Rede sein. So laden die Zwergwirtschaften, die dem häuslichen Herd eine neue Grundlage geben, der Frau ein doppeltes Joch auf.

Die Zahl der 1932 in den Krippen verfügbaren ständigen Plätze war alles in allem 600.000; die der saisonmäßigen Plätze, nur für die Zeit der Feldarbeiten, rund 4 Millionen. 1935 wurden rund 5,6 Millionen Krippenstellen gezählt, aber die ständigen Plätze bildeten wie bisher lediglich einen unbedeutenden Teil der Gesamtzahl. Außerdem werden die bestehenden Krippen selbst in Moskau, Leningrad und anderen Zentren in der Regel auch den bescheidensten Anforderungen nicht gerecht. "Krippen, wo das Kind sich unbehaglicher fühlt als zu Hause, sind keine Krippen, sondern ein schlechtes Asyl", klagt eine führende Sowjetzeitung. Kein Wunder, wenn die besser gestellten Arbeiterfamilien die Krippen meiden. Für die Hauptmasse der Werktätigen ist aber auch die Zahl dieser "Asyle" viel zu gering. In allerletzter Zeit erließ das Zentralexekutivkomitee eine Verfügung, daß Findlinge und Waisen Privaten zur Erziehung übergeben werden sollen: in der Person seines höchsten Organs gab der bürokratische Staat auf diese Weise sein Unvermögen in einer höchst wichtigen sozialistischen Funktion zu.

Die von den Kindergärten erfaßte Zahl der Kinder stieg in dem Jahrfünft 1930-35 von 370.000 auf 1.181.000. Man erstaunt über die Winzigkeit der Zahl für 1930! Aber auch die Zahl für 1935 ist nur ein Tropfen im Meer der Sowjetfamilien. Eine eingehendere Untersuchung würde zweifelsohne den Nachweis erbringen, daß der größte und jedenfalls der beste Teil dieser Kindergärten auf die Familien der Verwaltungen, des technischen Personals, der Stachanowisten usw. entfällt.

Das Zentralexekutivkomitee war unlängst ebenfalls gezwungen, offen zu gestehen, daß der "Beschluß über die Liquidierung der Kinderverwahrlosung und -unbeaufsichtigung schwach verwirklicht wird". Was verbirgt sich hinter diesem kühlen Geständnis? Nur zufällig erfahren wir aus in kleiner Schrift gedruckten Pressenotizen, daß sich in Moskau mehr als tausend Kinder "in außerordentlich schweren Familiendaseinsbedingungen" befinden, daß es in den sogenannten Kinderheimen der Hauptstadt 1.500 Halbwüchsige gibt, die nirgendwo Zutritt haben und denen nur die Straße übrig bleibt, daß in zwei Herbstmonaten des Jahres 1935 in Moskau und Leningrad "7.500 Eltern, die ihre Kinder ohne Aufsicht gelassen hatten, zur Verantwortung gezogen wurden". Von welchem Erfolg waren diese gerichtlichen Verfolgungen begleitet? Wieviel tausend Eltern entgingen diesem Schicksal? Wieviel Kinder, die sich in "außerordentlich schweren Bedingungen" befinden, blieben unerfaßt? Worin unterscheiden sich die außerordentlich schweren von den einfach schweren Bedingungen? Das sind Fragen, die ohne Antwort bleiben. Die gewaltigen Ausmaße der Kinderverwahrlosung, nicht nur die sichtbaren und offenen, sondern auch die verschleierten, sind ein unmittelbares Resultat der großen sozialen Krise, in der die alte Familie viel rascher weiterverfällt, als die neuen Einrichtungen imstande sind, sie zu ersetzen.

Aus den zufälligen Pressenotizen, aus den Episoden der Kriminalchronik kann der Leser von der Existenz der Prostitution in der USSR erfahren, d. h. der tiefsten Degradierung der Frau im Interesse des zahlungsfähigen Mannes. Herbst vergangenen Jahres meldete die "Iswetija" beispielsweise überraschend aus Moskau die Verhaftung von "an die 1.000 Frauen, die sich auf den Straßen der proletarischen Hauptstadt heimlich verkauften". Unter den Verhafteten waren 177 Arbeiterinnen, 92 Angestellte, 5 Studentinnen usw. Was trieb sie aufs Trottoir? Unzureichende Entlohnung, Not, die Notwendigkeit "sich nebenher Kleider und Schuhe zu verdienen". Vergebens versuchten wir auch nur annähernd den Umfang dieses sozialen Übels kennenzulernen. Die züchtige Bürokratie befiehlt der Statistik zu schweigen. Aber gerade das erzwungene Schweigen ist ein einwandfreies Zeugnis für den großen Umfang der "Klasse" der Sowjetprostituierten. Hier kann es sich aus der Natur der Sache heraus nicht um "Überreste der Vergangenheit" handeln: die Prostituierten rekrutieren sich aus der jungen Generation. Keinem vernünftigen Menschen wird es natürlich einfallen, diese Plage, die so alt ist wie die Zivilisation, dem Sowjetregime besonders zur Last zu legen. Doch unverzeihlich ist es, vom Triumph des Sozialismus zu reden, wo Prostitution besteht. Die Zeitungen behaupten zwar - soweit es ihnen überhaupt gestattet ist, dies heikle Thema anzurühren - daß "die Prostitution sich verringert"; möglich, daß dem wirklich so ist, im Vergleich mit den Jahren des Hungers und des Zerfalls (1931-33). Aber die danach erfolgte

Wiederherstellung der Geldverhältnisse, die alle Naturalformen
verdrängte, führte unvermeidlich zum Wiederaufleben der Prostitution und der Kinderverwahrlosung. Wo Privilegierte, sind
auch Parias!

Die massenhafte Kinderverwahrlosung ist zweifellos das unfehlbarste und tragischste Zeichen für die schwere Lage der Mütter.
In dieser Hinsicht ist selbst die optimistische "Prawda" gezwungen, zuweilen bittere Geständnisse zu machen. "Die Geburt
eines Kindes ist für viele Frauen eine ernste Bedrohung ihrer
Lage..." Eben deshalb hatte die Revoutionsmacht der Frau das
Recht auf Abtreibung gebracht, das, wo Not und Familienjoch
bestehen, eines der bedeutensten politischen und kulturellen
Bürgerrechte ist, was auch die Eunuchen und die alten Jungfern
darüber sagen mögen. Allein, auch dies an sich traurige Recht
der Frau verwandelt sich bei faktischer sozialer Ungleichheit
in ein Vorrecht. Vereinzelte in die Presse gedrungene Angaben
über die Abtreibungspraxis sind wahrhaft erschütternd. So
waren 1935 allein in einem einzigen Dorfkrankenhaus eines Bezirks im Ural "195 von den Engelmacherinnen verstümmelte
Frauen" gelegen, davon 33 Arbeiterinnen, 28 Angestellte,
65 Kolchosbäuerinnen, 58 Hausfrauen usw. Der Uralbezirk unterscheidet sich von den meisten anderen Bezirken nur dadurch,
daß von ihm Kunde in die Presse langte. Wieviel Frauen werden
tagtäglich auf dem gesamten Territorium der USSR verstümmelt?..

Nachdem der Staat seine Unfähigkeit bewiesen hatte, den Frauen,
die zur Furchtabtreibung Zuflucht nehmen mußten, die notwendige
medizinische Hilfe und hygienischen Einrichtungen zur Verfügung zu stellen, änderte er jäh den Kurs und beschritt den
Weg der Verbote. Wie auch bei anderen Gelegenheiten macht die
Bürokratie aus der Not die Tugend. Eines der Mitglieder des
Obersten Sowjetgerichtshofes, Solz, Spezialist in Ehefragen,
begründet das vorstehende Abtreibungsgesetz damit, daß in der
sozialistischen Gesellschaft, wo es keine Arbeitslosigkeit
gibt, usw. usf., die Frau kein Recht habe, auf die "Mutterschaftsfreuden" zu verzichten. Philosophie eines Pfaffen,
der zudem die Macht eines Gendarmen ausübt! Soeben erst vernahmen wir aus dem Zentralorgan der regierenden Partei, daß
die Geburt eines Kindes für viele Frauen - richtiger wäre es
zu sagen, für die erdrückende Mehrheit - eine "Bedrohung
ihrer Lage" ist. Soeben erst hörten wir aus dem Munde der
höchsten Sowjetinstitution: "Die Liquidierung der Kinderverwahrlosung und -unbeaufsichtigkeit wird schwach verwirklicht",
was zweifellos ein neues Wachstum der Kinderverwahrlosung bedeutet. Und da kündigt uns ein hoher Sowjetrichter an, im
Lande wo es "eine Lust ist zu leben" müßten Abtreibungen mit
Gefängnis bestraft werden, genau ebenso wie in den kapitalistischen Ländern, wo das Leben eine Trübsal ist. Es ist
von vorneherein klar, daß in der USSR ebenso wie im Westen
hauptsächlich Arbeiterinnen, Dienstboten, Bäuerinnen dem
Kerkermeister in die Fänge geraten werden, da es für sie
schwer ist, ihren Zustand zu verbergen. Was "unsere Frauen"
betrifft, die es nach guten Parfums und anderen schönen Dingen verlangt, so werden sie nach wie vor tun, was ihnen beliebt, vor der Nase einer wohlwollenden Justiz. "Wir brauchen Leute", ergänzt sich Solz, vor den Besprisorni die (s.Anm. S. 45)
Augen schließend. "Dann gebt Euch nur Mühe und macht selber
welche", möchten die Millionen werktätiger Frauen dem hohen
Richter antworten, hätte die Bürokratie ihnen nicht den

Mund versiegelt. Diese Herren haben offenbar vollends vergessen, daß der Sozialismus die Ursachen, welche die Frauen zur Fehlgeburt treiben, beseitigen und nicht ihr "Mutterfreuden" aufzwingen soll durch gemeines Eingreifen der Polizei in ihr intimstes Leben.

Der Gesetzentwurf über das Abtreibungsverbot wurde zur sogenannten Volksdiskussion gestellt. Selbst durch das feine Sieb der Sowjetpresse drangen nicht wenig bittere Klagen und verhaltene Proteste. Die Diskussion wurde ebenso plötzlich eingestellt, wie sie begonnen worden war. Am 27. Juni machte das Zentralexekutivkomitee aus dem unverschämten Gesetzentwurf ein dreifach unverschämtes Gesetz. Selbst unter den geschworenen Advokaten der Bürokratie geriet so manch einer in Verlegenheit. Louis Fischer erklärte diesen gesetzgebenden Akt für eine Art bedauerliches Mißverständnis. In Wirklichkeit ist das neue Gesetz gegen die Frauen - mit Ausnahmen für die Damen - eine ganz gesetzmäßige Frucht der thermidorianischen Reaktion!

Die feierliche Rehabilitierung der Familie, die - welch ein Wunder der Vorsehung! - mit der Rehabilitierung des Rubels zusammenfiel, war durch ein materielles und kulturelles Versagen des Staates verursacht. Statt offen zu sagen: es zeigte sich, daß wir noch zu arm und zu roh sind, um sozialistische Beziehungen zwischen den Menschen zu schaffen, diese Aufgabe werden Kinder und Enkel erfüllen, verlangen die Führer, nicht bloß die Scherben der zerbrochenen Familie wieder zusammenzuleimen, sondern sie auch, unter Androhung schlimmster Strafen, als geheiligte Urzelle des siegreichen Sozialismus zu betrachten. Schwerlich ist das Ausmaß dieses Rückzugs mit dem Auge zu ermessen!

Alles und alle werden in den neuen Kurs mitgerissen: Gesetzgeber und Belletristen, Richter und Milizleute, Presse und Schule. Wenn ein naiver und aufrichtiger Jungkommunist sich erkühnt, an seine Zeitung zu schreiben: "Ihr tätet besser, euch mit der Lösung der Frage zu befassen, wie die Frau aus dem Schraubstock der Familie herauskommen soll", so erhält er zur Antwort ein paar tüchtige Fausthiebe und - schweigt. Das ABC des Kommunismus wird für eine "ultralinke Abweichung" erklärt. Die stumpfsinnigen und beschränkten Vorurteile des kulturarmen Spießertums erstehen wieder auf im Namen der neuen Moral. Und was geht im Alltagsleben in allen Ecken und Winkeln des unermesslichen Landes vor? Die Presse gibt nur in ganz winzigem Maße ein Bild von der Tiefe der thermidorianischen Reaktion auf dem Gebiet der Familie.

Da die edle Leidenschaft der Prediger zusammen mit den Lastern wächst, erlangt das siebente Gebot groß Popularität in der herrschenden Schicht. Die Sowjetmoralisten brauchen die Phraseologie nur leicht aufzufrischen. Ein Feldzug hat begonnen gegen die häufigen und allzu leichten Scheidungen. Das schöpferische Denken des Gesetzgebers ersann bereits eine so "sozialistische" Maßnahme wie die Erhebung einer Gebühr bei der Eintragung einer Scheidung, mit Zuschlägen im Wiederholungsfall. Nicht umsonst wiesen wir weiter oben darauf hin, daß die Wiedergeburt der Familie Hand in Hand geht mit einer Steigerung der erzieherischen Rolle des Rubels. Die Steuer erschwert zweifellos die Eintragung für alle, denen das Zahlen schwer fällt. Für die Spitzen bildet die Gebühr ja hoffentlich kein Hindernis. Außerdem regeln Leute, die gute Wohnungen, Automobile und andere schöne Sachen besitzen, ihre persönlichen Angelegenheiten ohne überflüßige Bekanntmachungen und folglich auch ohne Eintragungen. Ist ja die Prostitution nur am Bodensatz der Gesellschaft Bürde und Erniedrigung - an den Spitzen der Sowjetgesellschaft, wo Macht sich mit Komfort paart, nimmt die Prostitution die elegante Form kleiner gegenseitiger Gefälligkeiten und selbst die Gestalt der "sozialistischen Familie" an. Von Sosnowski (1o) erfuhren wir bereits die Bedeutung des "Auto-Harem-Faktors" in der Entartung der herrschenden Schicht.

Die lyrischen, akademischen und anderen "Freunde der Sowjetunion" haben Augen, um nichts zu sehen. Unterdessen wird die Ehe- und Familiengesetzgebung der Oktoberrevolution, einst Gegenstand ihres rechtmäßigen Solzes, auf dem Wege umfassender Anleihen aus dem Gesetzesarsenal der bürgerlichen Länder umgestaltet und verkrüppelt. Wie um den Verrat noch den Stempel des Hohns aufzudrücken, werden dieselben Argumente, die früher für die unbedingte Scheidungs- und Abtreibungsfreiheit ins Feld geführt wurden - "Befreiung der Frau", "Verteidigung der Persönlichkeitsrechte", "Schutz der Mutterschaft" - heute für ihre Einschränkung oder völlige Aufhebung wiederholt.

Der Rückzug kleidet sich nicht nur in abscheuliche Heuchelei, sondern geht im Grunde viel weiter, als die eiserne Notwendigkeit der Wirtschaft es erfordert. Zu objektiven Ursachen, die durch die Rückkehr zu bürgerlichen Normen wie der Zahlung von Alimenten hervorgerufen sind, gesellt sich das soziale Interesse der herrschenden Schicht an der Ausweitung des bürgerlichen Rechts. Das gebieterischeste Motiv für den heutigen Familienkult ist zweifelsohne das Bedürfnis der Bürokratie nach einer stabilen Hierarchie der gesellschaftlichen Beziehungen und nach der Disziplinierung der Jugend durch 4o Millionen Stützpunkte der Autorität und der Macht.

Als die Hoffnung noch lebendig war, die Erziehung der jungen Generationen dem Staat in die Hand zu geben, kümmerte sich die Macht nicht nur nicht darum, die Macht der "Alten", insbesondere von Vater und Mutter, aufrechtzuerhalten, sondern trachtete im Gegenteil danach, die Kinder soviel wie möglich von der Familie zu trennen, um sie so vor den Traditionen der althergebrachten Lebensart zu bewahren. Noch ganz vor kurzem, während des ersten Fünfjahrplans, bedienten sich Schule und Komsomol weitgehend der Kinder, um den trunksüchtigen Vater oder die religiöse Mutter zu entlarven, zu beschämen, überhaupt "umzuerziehen"; mit welchem Erfolg, ist eine Frage für sich. Jedenfalls bedeutete diese Methode, die elterliche Autorität in ihren Grundfesten zu erschüttern. Heute ist auch auf diesem nicht unwichtigen Gebiet ein jäher Wechsel eingetreten: neben dem siebenten ist auch das fünfte Gebot wieder vollständig in seine Rechte eingesetzt, allerdings noch ohne Berufung auf Gott; aber auch die französische Schule kommt ohne dies Attribut aus, was sie nicht hindert, mit Erfolg Konservatismus und Routine zu züchten.

Die Sorge um die Autorität der Erwachsenen führte übrigens bereits auch zu einer Änderung in der Religionspolitik. Die

Leugnung Gottes, seiner Gehilfen und seiner Wunder war von allen Keilen, welche die revolutionäre Macht zwischen Kinder und Eltern trieb, der spitzeste. Der Kampf gegen die Kirche überholte das Wachstum der Kultur, der ernsten Propaganda und wissenschaftlichen Erziehung und artete unter der Leitung von Leuten wie Yaroslawsky (11) oft in Mummenschanz und Unfug aus. Heute ist es mit der Himmelstürmerei ebenso wie mit der Familienstürmerei vorbei. Besorgt um die Reputation ihrer Tüchtigkeit, wies die Bürokratie die jungen Gottlosen an, das Waffengeschirr abzulegen und sich hinter die Bücher zu setzen. In bezug auf die Religion greift allmählich ein Regime ironischer Neutralität Platz. Doch das ist nur eine erste Etappe. Die zweite und die dritte wären unschwer vorherzusehen, wenn der Gang der Ereignisse nur von der obersten Gewalt abhinge.

Die Heuchelei der herrschenden Anschauungen entwickelt sich stets und überall im Quadrat oder Kubus zu den sozialen Widersprüchen: so ungefähr lautet das historische Gesetz der Ideologien, übersetzt in die Sprache der Mathematik. Sozialismus, wenn er überhaupt diesen Namen verdient, bedeutet: menschliche Beziehungen ohne Gewinnsucht, Freundschaft ohne Neid und Intrigen, Liebe ohne niedrige Berechnung. Die offizielle Doktrin erklärt diese Idealnormen umso nachdrücklicher für bereits verwirklicht, je lauter die Wirklichkeit gegen diese Behauptungen protestiert. "Auf der Grundlage der tatsächlichen Gleichberechtigung von Mann und Frau", sagt zum Beispiel das neue Komsomolprogramm, das im April 1936 angenommen wurde, "bildet sich die neue Familie, um deren Blühen der Sowjetstaat bemüht ist". Ein offizieller Kommentar ergänzt das Programm: "Unsere Jugend kennt bei der Wahl des Lebensgefährten – Mann oder Frau – nur ein Motiv, einen Trieb: die Liebe. Die bürgerliche Interessen- oder Geldheirat existiert für unsere heranwachsende Generation nicht". ("Prawda", 4. April 1936). Soweit von einfachen Arbeitern und Arbeiterinnen die Rede ist, ist dies mehr oder weniger wahr. Aber die "Interessenheirat" ist auch bei den Arbeitern der kapitalistischen Länder verhältnismäßig wenig im Brauch. Ganz anders steht die Sache bei mittleren und höheren Schichten. Die neuen sozialen Gruppierungen unterwerfen sich automatisch das Gebiet der persönlichen Beziehungen. Die Laster, die von Macht und Geld um die sexuellen Beziehungen geschaffen werden, blühen in den Kreisen der Sowjetbürokratie so üppig, als hätte sie sich in dieser Hinsicht zum Ziel gesetzt, die Bourgeoisie des Westens zu überholen.

Ganz im Widerspruch zu der soeben zitierten Behauptung in der "Prawda" ist die "Interessenheirat", wie die Sowjetpresse selber in Stunden zufälliger oder erzwungener Offenheit es zugibt, heute im vollen Umfange wiedererstanden. Befähigung, Verdienst, Stellung, Zahl der Tressen an der Militäruniform erlangen immer größere Bedeutung, denn damit verbunden sind Fragen wie Schuhe, Pelz, Wohnung, Badezimmer und – höchster aller Träume – das Auto. Einzig und allein der Kampf ums Zimmer vereint und trennt täglich in Moskau keine geringe Anzahl Paare. Zu außerordentlicher Bedeutung gelangte die Verwandtfrage: es ist nützlich, einen Militärkommandeur oder einflußreichen Kommunisten zum Schwiegervater oder die Schwester eines hohen Beamten zur Schwiegermutter zu haben. Soll man sich darüber wundern? Könnte dem anders sein?

Ein sehr dramatisches Kapitel im großen Sowjetbuch bildet die Erzählung von der Zwietracht und dem Zerfall der Sowjetfamilien, wo der Mann als Parteimensch, Gewerkschaftler, Militärkommandeur oder Verwalter emporstieg, sich entwickelte, neuen Geschmack am Leben fand, die von der Familie unterdrückte Frau aber auf dem alten Niveau blieb. Der Weg zweier Generationen der Sowjetbürokratie ist mit Tragödien zurückbleibender und verstossener Frauen besät! Dieselbe Erscheinung ist heute in der jungen Generation zu beobachten. Die größte Roheit und Grausamkeit ist wohl gerade an den Spitzen der Bürokratie anzutreffen, wo ein hoher Prozentsatz aus unkultivierten Emporkömmlingen besteht, die meinen, ihnen sei alles erlaubt. Die Archive und Memoiren werden einmal zu Tage fördern, welch geradezu kriminelle Verbrechen an den Ehefrauen und Frauen überhaupt begangen wurden von seiten der gerichtlich nicht belangbaren Priester der Familiemoral und der obligatorischen "Mutterfreuden".

Nein, die Sowjetfrau ist noch nicht frei. Die völlige Gleichberechtigung brachte bisher unvergleichlich größere Vorteile für die Frauen der oberen Schichten, die Vertreterinnen der bürokratischen, technischen, pädagogischen, überhaupt geistigen Arbeit, als für die Arbeiterinnen und besonders die Bäuerinnen. Solange die Gesellschaft nicht imstande ist, die materiellen Familiensorgen zu übernehmen, kann eine Mutter nur dann mit Erfolg eine gesellschaftliche Funktion ausüben, wenn ihr eine weiße Sklavin zu Diensten steht: Kinderwärterin, Dienstmädchen, Köchin usw. Von 40 Millionen Familien, die die Bevölkerung der Sowjetunion bilden, gründen 5 %, vielleicht auch 10 % ihren "Herd" direkt oder indirekt auf die Arbeit von Haussklavinnen und -sklaven. Die genaue Anzahl der Sowjetdienstboten wäre von nicht geringerer Bedeutung für eine sozialistische Beurteilung der Lage der Frauen in der USSR als die gesamte Sowjetgesetzgebung, so fortschrittlich sie auch sein mag. Aber eben deshalb versteckt die Statistik die Dienstboten in der Rubrik "Arbeiterinnen" oder "Diverse"!

Die Lage einer Familienmutter, die eine geachtete Kommunistin ist, ihre Köchin hat, Bestellungen in den Kaufläden per Telefon erledigt, Auto fährt usw., hat wenig mit der Lage einer Arbeiterin gemein, die von Laden zu Laden laufen, selbst die Mahlzeiten zubereiten, die Kinder zu Fuß aus dem Kindergarten abholen muß - wenn überhaupt einer da ist. Keine sozialistischen Etiketten können diesen sozialen Kontrast verdecken, der nicht geringer ist als der Kontrast zwischen einer bürgerlichen Dame und der Proletarierin in einem beliebigen Lande des Westens.

Die wirkliche sozialistische Familie, der die Gesellschaft die Last der unerträglichen und erniedrigenden Alltagssorgen abnimmt, wird keiner Reglementierung bedürfen, und die blosse Vorstellung von Abtreibungs- oder Scheidungsgesetzen wird ihr nicht schöner erscheinen als die Erinnerung an Freudenhäuser oder Menschenopfer. Die Oktobergesetzgebung tat einen kühnen Schritt zu einer solchen Familie hin. Wirtschaftliche und kulturelle Zurückgebliebenheit erzeugten eine heftige Reaktion. Die thermidorianische Gesetzgebung geht zu den bürgerlichen Vorbildern zurück und verhüllt ihren Rückzug mit falschen Reden über die Heiligkeit der "neuen" Familie. Das Versagen des Sozialismus verbirgt sich auch in dieser

Frage hinter frömmelnder Respektabilität.

Es gibt aufrichtige Beobachter, die, besonders in der Frage der Kinder, erschüttert sind von dem Widerspruch zwischen den hohen Prinzipien und der häßlichen Wirklichkeit. Allein, eine Tatsache wie die grausamen Kriminalstrafen gegen verwahrloste Kinder kann einen denken lassen, daß die sozialistische Gesetzgebung zum Schutze der Frau und des Kindes nichts weiter ist als eine einzige Heuchelei. Es gibt den umgekehrten Typ von Beobachtern, die sich von der Weite und Großzügigkeit der Absicht bestechen lassen, wie sie in den Gesetzen und Verwaltungsorganen sich äußert; beim Anblick der mit dem Elend ringenden Mütter, Prostituierten und Besprisorni sagen sich diese Optimisten, daß das weitere Wachsen des materiellen Reichtums allmählich den sozialistischen Gesetzen Fleisch und Blut verleihen wird. Es ist nicht leicht zu entscheiden, welche von diesen beiden Denkweisen falscher und schädlicher ist. Die Weite und Kühnheit des sozialen Plans, die Bedeutsamkeit der ersten Etappen seiner Erfüllung und der eröffneten gewaltigen Möglichkeiten können nur Leute übersehen, die mit historischer Blindheit geschlagen sind. Doch andererseits kann man auch nicht umhin, sich über den passiven, im Grund gleichgültigen Optimismus derer zu empören, die die Augen vor dem Wachsen der sozialen Widersprüche verschließen und sich mit Ausblicken auf eine Zukunft vertrösten, deren Schlüssel sie ehrerbietig in den Händen der Bürokratie zu belassen vorschlagen. Als ob die Rechtsgleichheit von Mann und Frau nicht bereits zur Gleichheit ihrer Rechtlosigkeit vor der Bürokratie geworden wäre! Und als ob es ein für alle Mal feststünde, daß die Sowjetbürokratie statt der Befreiung nicht auch ein neues Joch bringen könne.

Wie der Mann die Frau versklavte, wie der Ausbeuter sie sich alle beide unterwarf, wie die Werktätigen sich um den Preis ihres Bluts aus der Sklaverei zu befreien suchten und nur ihre Ketten gegen andere vertauschten - von all dem weiß die Geschichte uns viel zu erzählen; ja, im Grunde erzählt sie gar nichts anderes. Wie aber tatsächlich das Kind, die Frau, der Mensch befreit werden, davon gibt es noch keine positiven Beispiele. Die gesamte, durch und durch negative historische Vergangenheit fordert von den Werktätigen vor allen Dingen unversöhnliches Mißtrauen gegen ihre privilegierten und unkontrollierten Vormünder!

Anm.: Besprisorni: obdachlose, verwahrloste Kinder.

Anmerkungen

(1) Abweichende Darstellungen über den Zustand der Kinderhilfe in der Sowjetunion. Eine Quelle("Frauen in Russland", von Susan Jacoby, in: "New Republic" vom 4. und 11.APril, 1970): Eine Frau die in Moskau lebt und ihren Anspruch auf Unterstützung stellt schreibt in einer Moskauer Tageszeitung, daß lediglich 25% der vorschulpflichtigen Kinder eine Tagesunterstützung erhalten.
Ein anderer Hinweis stammt aus der "Soviet News", (10. Febr. 1970, London, Bericht des zentralen statistischen Instituts zur Feststellung des ökonomischen Entwicklungsplanes von (1969) der besagt, daß 70% der städtischen vorschulpflichtigen Kinder und ein kleinerer Prozentsatz der Kinder von Lande im vorschulpflichtigen Alter eine Tagesunterstützung erhalten.

(2) Parteipropagandist ist die Übersetzung des russischen Wortes Agitator. Der Agitator, eine Schöpfung der Oktoberrevolution, dessen Aufgabe es ist den Massen das Programm und die Politik der Partei zu erläutern. Sie unterhielten Treffpunkte in allen Teilen des Landes, leiteten Vorträge und agierten in jedem Büro, Warenhaus und jeder Schule. Die Konferenz von der hier die Rede ist, war eine der unzähligen Konferenzen, die diese Parteipropagandisten abhielten.

(3) Komsomolzen sind die Mitglieder der Kommunistischen Jugendorganisation.

(4) N.A. Semashko war ein albewährter Bolschewik und Volkskommissar des Gesundheitswesens im Jahre 1923.

(5) Sharurka ist ein Kosewort für Shartura.

(6) "Smychka" ist der russische Ausdruck für das Bündnis zwischen der Arbeiterklasse und den Bauern, welches die Basis des Sowejstaates bildete.

(7) Dies sind Hinweise auf die Versuche der kapitalistischen Staaten und der konterrevolutionären Kräfte in Russland (Weißgardisten)zur Zerschlagung der Revolution. Clemenceau und Churchill waren jeweils die entschiedensten Fürsprecher der Intervention Englands und Frankreichs.
Kolschak war ein zaristischer General, der, nachdem die Macht des Sowjetstaates auch auf Sibirien übergriff, ein Werkzeug der Alliierten wurde. Im Nov. 1918 auserwählten die Kossakischen Führer ihn zu ihrem höchsten Kommandeur. Als die Konterrevolution niedergeschlagen war, suchte er Zuflucht bei den Alliierten und wurde arrestiert und hingerichtet. Denekin war ebenfalls ein zaristischer General der ein Führer der Konterrevolution wurde. Nach Denekins Niederlage, wurde Wrangel, ein "liberalerer" General als Generalkommandeur der Weißgardisten berufen. Er hielt die Überreste im Krimkrieg ein Jahr lang, aber

im Verlauf des Jahres 1920 waren seine Kräfte erschöpft und er wurde zur Flucht gezwungen.

(8) "Thermidor" war der Monat – gerechnet nach dem neuen Kalender der nach der bürgerlichen französischen Revolution proklamiert wurde –, in dem die radikalen Jakobiner, geführt von Robespierre von dem reaktionären Flügel geschlagen wurden, weil die Revolution nicht so voranschritt wie die Restaurierung feudaler Verhältnisse. Trotzki gebraucht diesen Termius als eine historische Analogie um die Machtübernahme durch die konservative stalinistische Bürokratie im Rahmen der Nationalisierung der Produktionsmittel, zu erklären. Seitdem sind die kapitalistischen Eigentumsverhältnisse nicht restauriert; Trotzki plädiert für einen uneingeschränkten Kampf des Arbeiterstaates gegen die imperialistischen Regierungen, während er gleichzeitig für eine <u>politische</u> Revolution zur Zerschlagung der stalinistischen Bürokratie eintritt, deren ruinöse Politik die Gefahr der kapitalistischen Restauration verstärkt.

(9) Die drei, der Oktoberrevolution folgenden Jahre, waren eine Periode des Bürgerkrieges in der das wirtschaftliche Leben vollständig auf die Erfordernisse des Krieges zugeschnitten war. "Kriegskommunismus" war die systematische Reglementierung der Konsumtion, wobei die absolute Priorität den militärischen Erfordernissen zukam. Dies führte zunehmend zu Konflikten zwischen den Arbeitern und Bauern, weil die industrielle Produktion drastisch abnahm und das Korn der Bauern konfisziert und requiriert wurde. Zur Wiederbelebung der Wirtschaft, wurde 1921 die Neue Ökonomische Politik (NEP) in Angriff genommen, als eine zeitweilige Maßnahme wurde der freie Handel innerhalb der Sowjetunion erlaubt und ausländische Konzessionen vergeben, bei Beibehaltung der Nationalisierung und staatlicher Kontrolle der Wirtschaft.
Der erste 5 Jahresplan für die Entwicklung der Wirtschaft, welcher 1927 begann, projektierte ein bescheidenes Wachstum der industriellen Produktion und eine zögernde Politik gegenüber den einzelnen Bauern. Plötzlich wechselte die Bürokratie ihre Position und deklarierte die Erfüllung des 5 Jahresplanes innerhalb von vier Jahren. Das Resultat des erhöhten Tempos und die forcierte Kollektivierung führten zu einer Periode des wirtschaftlichen Chaos und großer Härten für die Bevölkerung.

(10) Lev Semyanovich Sosnovsky war einer der Führer der ersten Stunde der Linken Opposition und einer der letzten in der Sowjetunion der vor der stalinistischen Fraktion kapitulierte. In der "Verratenen Revolution (deutsche Ausgabe, Verlag Vierte Internationale, 1971, S.100f) verweist Trotzki auf den "bekannten Sowjet-Jornalist, Sosnovsky, (welcher) auf die besondere Rolle des 'Auto-Harem-Faktors' in der Sittengestaltung der Sowjetbürokratie hinwies...Gerade die alten Artikel Sosnovskys,..., sind voll von unvergesslichen Episoden aus dem Leben der neuen herrschenden Schicht, die anschaulich zeigen, in wie hohem Masse die Sieger sich die Sitten der Besiegten zu eigen gemacht haben."

(11) Emelian Yaroslavsky war ein Führer der "Gesellschaft der Gottlosen", eine Organisation gegründet zur Entfaltung der Propaganda gegen die Religion. Er war Mitglied des Presidiums des Zentralkomitees und Mitautor der offiziellen Anklagen gegen Trotzki im Juli 1927.
Er schrieb, unter Stalins Anweisung, ein Buch zur Erklärung der historischen Entwicklung des Bolschwismus.
Er wurde 1931 von Stalin weges des "Hineinschmuggelns von trotzkistischen Gesichtspunkten" in sein Geschichtsbuch "entlarvt", der Grund: Sein Buch lobhudelte dem Stalinismus, aber nicht Stalin selbst.

Zur Analyse der Übergangsgesellschaften

Jakob Moneta
Aufstieg und Niedergang des Stalinismus
192 Seiten   DM 10.50

Ernest Mandel:
Kapitalismus und Übergangsgesellschaft
120 Seiten   DM 5.-

Ernest Mandel:
Die Bürokratie   64 Seiten   DM 4.50

Ernest Mandel:
Friedliche Koexistenz und Weltrevolution
40 Seiten   DM 3.50

Mandel / Medwedjew / Grigorenko:
Solschenizyn und der unbewältigte Stalinismus
48 Seiten   DM 1.80

Jürgen Arz / Otmar Sauer:
Zur Entwicklung der sowjetischen Übergangsgesellschaft 1917-29   96 Seiten   DM 5.-

Peter Cardorff:
Die Außenpolitik der VR China
94 Seiten   DM 3.90

Peter Cardorff:
Über den Charakter der chinesischen Revolution und der Kommunistischen Partei Chinas
(erscheint Febr. 78)   200 Seiten   DM 12.-

Fragen Sie im Fachbuchhandel nach den Büchern des ISP-Verlages; in linken Buchläden meist sofort lieferbar - wenn nicht:

Direktbelieferung durch ISP-Vertrieb, ab DM 20.- porto & spesenfrei.

Gegen Vorausrechnung oder durch Angabe der gewünschten Titel auf Ihrer Überweisung auf unser PSchKonto Ffm 333 86 - 606 oder Bank für Gemeinwirtschaft (50010111) 1601515000.

Peter Cardorff:
Über den Charakter der chinesischen Revolution und der KP Chinas
202 Seiten   DM 12

In den vergangenen Jahrzehnten hat sich durch den Aufstieg des Stalinismus eine merkwürdige Sache abgespielt. Die stalinistische Gesellschafts- und Geschichtsanalyse verzichtet auf die Untersuchung der konkreten Fakten, um ihr vermeintlich marxistisches Schema wie eine Kuchenform über den gesellschaftlichen Teig zu legen. Eine wissenschaftliche Geschichte der chinesischen Revolution existiert bisher nicht. Die chinesische Führung hat daran auch kein Interesse. Sinn der vorliegenden Arbeit von P. Cardorff ist der Versuch die Gründe, die zum Sturz des Kuo Min Tang-Regimes und dem Sieg der Revolution im Jahre 1949 geführt haben, zu analysieren, und den Charakter dieser Revolution und der Partei, die sie anführte, zu klären.

die internationale Nr. 12
176 Seiten   DM 7

Peter Cardorff: Trotzki und die Organsationsfrage - Fred Sommer: Anarchismus und Organisation am Beispiel Spaniens Die Organisationsstruktur der DKP - Fri Keller: Die Bolschewisierung der KPÖ P. Cardorff: Parteilichkeit in der Geschichte der Arbeiterbewegung - R. Rosdolsky Die Arbeiter und das Vaterland - E. Wol Bedürfnis und Interesse

**Internationale
Sozialistische Publikationen GmbH**

Speicherstr. 5   6000 Frankfurt / M